経営学史叢書第Ⅱ期刊行の辞

経営学とは、何か。この問いに如何に向き合うかはさまざまであるが、次のように答えたい。

われわれは、組織の時代を生きている。それは、企業を含む各種の組織なくして、個々人は日々の生活ができず、社会もまた成り立たない時代である。われわれは、さまざまな組織が人間の生活や社会との繋がりにおいて多様な問題に取り組んでいることを知り、かつ目の当たりにする。そうした企業を含む組織が現実に直面する諸問題を明らかにしたうえで、組織を如何に維持し発展に導くかを研究課題とし、そしてその解明がわれわれにとって何を意味するかを探求する、これが経営学である。

経営学は、問題によっては、求める知識を他の学問領域から援用せざるを得ず、その意味で学際的であるが、それをもって経営学を借り物というのは的外れである。その知識を取り入れて課題解明を行うためには固有の思考方法が必要であり、それを示すのが経営の学である。経営学は、現実の世界を生きている各種の組織が直面するその時々の諸問題に応え、実践的な学問として一世紀以上にわたる歴史を刻んできた。経営学が解決を迫られる多様な問題を歴史的にみた場合、そこには時代を超えて共通する問題の性質を見出すことができるのであり、その諸問題の性質を「課題性」と呼ぶ。

ある特定の課題性のもとでは、その時代の社会経済的、文化的状況から問題を明らかにし、その問題を考える枠組みを構築し、課題解明の思考方法（理論）を形成する。時代の流れからその問題が新たな様相を帯びれば理論に修正を加える、あるいは新たな思考の枠組みを構築して理論展開を行う。そして時代が変わり、従来は存在しなかった課題性に対しても新たな理論を構築し解明を行う。こうして経営学は、時代の移り変わりとともに現れてくる多様な課題性に対して応え得る応用科学的な性格を有しており、その意味で、今なお形成されつつある学問であるといえる。

この度、経営学史学会は創立三〇周年を迎える記念事業として、先の二〇周年に引き続き、『経営学史叢書第Ⅱ期』（以下、『叢書』）を刊行することになった。創立二〇周年記念の『経営学史叢書』では、経営学史上優れた学説を示すことを叢書の柱とした。しかし、第Ⅱ期の『叢書』を編むにあたっては、今述べてきた現実世界から経営学が探求してきた「課題性」を編集の柱とした。

叢書編集委員会は、何よりも取り上げるべき課題性の選択に苦心をした。歴史を遡って十余りを候補として選び出し、これらに繰り返し検討を加え、最終的に一冊としてまとまりのある課題性に絞り、それに相応しい研究者に責任編集者を依頼した。その過程で、承認を得られず断念せざるを得なかった課題性、さらに取り上げるべき課題性があったことは事実であり、これは今後の検討としたい。

こうした経緯を経て『叢書』は、「学」として求められる経営学を追究する「原理性」を第一巻に置き、続いて時代の流れに沿って「生産性」、「人間性」、「合理性」、「社会性」、「戦略性」、「創造性」の全七巻から構成するものとする。各巻では、特定の課題性を解明してきた理論を、それぞれの時代の社会経済的、文化的基盤との関連において捉え、その有効性と限界を明らかにするとともに、その課題性を反映する現代の諸問題に対して、未来を創る実践的契機となり得る展望を示している。『叢書』は、経営学に関心を持ち、経営的な思考能力を身に着けたいとする初学者を想定している。それぞれの課題性を歴史的に学ぶことによって、思考能力に広がりと深みが増し、歴史を学ぶ面白さを知るきっかけになれば、幸いである。

各巻の責任編集者には、学会の叡智を結集する執筆者の選定を行い、『叢書』刊行の主旨を実現するという難しい要求をすることになった。本書が経営学史学会に相応しい『叢書』であるならば、それは偏に責任編集者の多大な貢献によるものであり、深く御礼を申し上げる。

叢書第Ⅱ期の編集委員会は、テーマ設定について多くの議論を重ね、決定した「課題性」を追究して頂く責任編集者の選定を行い、叢書刊行に至る責任を担ってきた。編集委員の先生方のご尽力に心から感謝申し上げたい。また、株式会社文眞堂の前野隆社長を始め編集部の前野眞司氏、山崎勝徳氏には企画から刊行までに亘ってお世話になった。ここに謝辞を申し上げる。

『叢書』の企画のさなか、二〇一九年から始まり世界的流行となった新型コロナ感染が一刻も早く終息することを願いつつ、冒頭に示した「経営学とは、何か」に応えるべく、この『経営学史叢書第Ⅱ期』を世に問う次第である。

令和三年一一月三〇日

叢書編集委員長　吉原　正彦

『経営学史叢書第Ⅱ期』編集委員会

編集委員長

吉原　正彦（青森中央学院大学名誉教授　経営学史学会元理事長）

編集委員（五〇音順）

磯村　和人（中央大学　経営学史学会理事）
宇田川元一（埼玉大学　経営学史学会会員）
風間　信隆（明治大学　経営学史学会元副理事長）
河辺　純（大阪商業大学　経営学史学会副理事長）
上林　憲雄（神戸大学　経営学史学会理事）
藤沼　司（青森公立大学　経営学史学会理事　編集副委員長）
山縣　正幸（近畿大学　経営学史学会理事）
渡辺　敏雄（関西学院大学　経営学史学会前副理事長　編集副委員長）

肩書は令和三年一二月三一日現在

経営学史学会創立30周年記念

経営学史叢書第Ⅱ期 ❻ 社会性

社会の中の企業

経営学史学会監修

渡辺敏雄［編著］

文眞堂

まえがき

われわれは、企業を社会との関連で捉えている学説をそれが生成した時期の社会との関連でその特質を解説し、もって企業と社会との関連についての経営学史的な解明を果たしたい。その際、本巻では、一貫して、次の点には、どの章もそれを出発点としている。企業は、その運営、操舵に関与する主体が時代によって変遷し、関連主体の合意、ないし関連主体の利害の配慮により、運営、操舵の方針は影響を受ける。ここに、本巻では、企業と社会の関連についての学説史を構成するに当たり、企業と利害関係者との関連を軸に置く方針を取る理由がある。

時期的に最初に取り上げるのは、工場制度が社会に行き渡り、人々の需要の種類と量も拡大した社会の事態である。時期の幅として想定するのは、二〇世紀初頭から、一九五〇年頃である。この時期をひと纏まりにすることは、そこにさまざまな社会的事態のうねりがあるので危険ではあるが、概ね、大量生産方法の考案とそれによる生産量の大幅拡大がその特質をなすであろう。この時代に企業に関連していく主体は、最も顕著には、生産量拡大との関連で登場する労働者であったことは間違いない。企業社会という概念が、企業内労働者の社会であるという把握がなされることが現在でも時として存在するが、その淵源は当時にあった。企業にとって、社会とは労働者の集団であった。企業は、大量生産を確保するに当たり、大量の労働力を必要とした。生産労働力要素としての労働者は、科学的管理法の対象となり、その後、それに対して反発も見せた。ただし、企業にとっては、労働者は飽くまで、労働力であり、血の通った人間でもなく、命令に反発するはずのない人々であった。

第二次世界大戦後の世界においては、とりわけ経済力の競争に各国が鎬を削った。日本を含め先進国の国民には消費力が付き始めていた。高度成長の夜明けである。即ち、大量生産、大量消費、大量廃棄の連関がこの頃完成した。それに応じて、企業の利害関係者も、労働者から他の複数の主体へと拡大した。大量消費を前提にしているこの頃の企業行動は、消費者を利害関係者とした。消費者は、企業にとって、商品、サービスを購買する、存続にとっての必須の利害関係者であった。ところが、商品が市場外における効果を与えて、それに対して、消費者が反発し出すと、企業にとって、それらの人々は、消費する人ではなく、企業によって被った不利益の弁済を要求する人となった。この事実に直面して、企業は、自らの提供する商品、サービスならびに生産工程から生成する消費者への副作用の原因の除去に腐心せざるを得なくなった。企業の社会責任論の登場である。その内容は、変種があるにせよ、概ね、企業に対する結果責任を規範的に説く題目的な議論が多かった。その後、こうした傾向は、企業の社会的責任をその社会的成果との関連で把握する方向に発展的に受け継がれ、さらに、企業倫理学的研究の生成につながった。総じて、この時期の企業と社会の関係に関する議論は、企業の道徳的行動について、萌芽的ではあるが、枢要な認識を展開したといえる。

大量生産体制が生成するに連れて、かつては、労働する場を渇望して賃金のみに関心を持っていた労働者にも大きな変化のうねりが生まれた。従来の大量生産対応の生産方法が前提とした労働が単調であることが認識され、またこれと並行して、労働者を含む人間の欲求の多様性が実践においても学界においても認識されだした。

ここに、企業内労働社会における労働の多様化、民主化の理論的、実践的努力が兆した。この方向は、行動科学的認識に基づいて、多様化した労働者の欲求の充足をするための理論的基礎と実践のための提言の展開につながった。また、こうした方向は、現場の労働のみではなく、そのことについての決定過程への参加の提唱としても拡大された。労働者参加の形態が生成し、発展した。さらに、企業内労働社会に関する展開で枢要な方向は、社会技術システム論であり、これは、労働の民主化という傾向を受け継ぎながらも、作業に使用する技術の要請と労働者の欲求との総合的な満足の極大化という構想を生み出して、この方面の議論の新傾向の基盤となった。

さて、漸次的に、企業に関わる利害関係者の拡大が認識されたが、そのうちの一つの決定的契機となったのが、アドルフ・A・バーリ（Adolf A. Berle）とガーディナー・C・ミーンズ（Gardiner C. Means）の研究であった。彼らの認識は、株主が特に企業の中心的な操舵を握る主体からは退いている事実を初めて明らかにした上で、そうした特性を持つ企業は、どのような志向を持つか、という現代の利害関係者に囲まれた企業の方向性解明につながる研究動向の嚆矢となった。彼らの研究の直後からは、経営者支配（management control）についての研究が盛んに行われるようになり、その中心には、企業の利害関係者の確定とそれらの人々の間の力の均衡がどのように成立しているのかが置かれることとなった。形式的にいえば、大株主の後退と経営者支配の登場により、経営者の志向に関心が寄せられるようになり、この問いとの関連において、①経営者は、飽くまで株主を中心軸として利害を調整する、と考えるシェアホールダー（shareholder）志向の構想と、②経営者は、株主のみならず、他の利害関係者の志向の調整を行う中から自身の志向を見出すとするステークホルダー（stakeholder）志向の構想が生成した。シェアホールダー志向の構想が株主に足場を置くにしても、どちらの構想もともに、複数の利害関係者の綱引きないし利害の拮抗を通じて企業の志向が生成すると見る点では共通している。

それ故、利害関係者の利害の拮抗から均衡を見出しながら、多様な利害関係者に取り囲まれた企業の方向性を確定できるかどうかが関心事となるが、ここでも問うべき点は二つある。まず、現在の市場経済体制の経済社会を前提として、企業と利害関係者との関係を把握する構想にはどのようなものがあるのか、ということであり、次に、その根底となる企業の本質的理解に遡り、市場経済体制の諸国の企業に共通の志向としての営利性の追及との関連で、企業と社会との関係性を整理し直すことである。

まず、前者との関連において、企業を多様な利害関係者との関係で捉える理論的努力が形成されてきた経緯を学説史的に辿る必要がある。そこでは、経営学と規範ないし価値との関係が交錯し、事実認識と規範提示との関係を含めて、多様な学説が繚乱状態であった。この中から、現在のところ必ずしも一つの潮流をなす研究方向が生まれているわけではなく、むしろ混沌とした状態である。ただし、利害関係者論は、最終的には、企業目的の内容規定への影響で把握されるべきではないかとの見方を取る点ではそれらの研究方向は一致していると考えられる。

次に、後者との関連において、企業と利害関係者との関係のあり方を、企業の本質との関連において、整理する試みがなされて然るべきである。一方で、もとより企業は法人であり、この点から議論を説き起こし、法人の中でも株式会社が持つ存在意義から考察を深め、他方で、社会ないし社会性の概念整理を踏まえた上で、企業の営利性と社会性との関連という普遍的な議論の仕方において、企業と利害関係者との均衡の模索をする方法は、経営学的にも学説史的にも有効である。

企業と利害関係者との関係の近時の展開のひとつは、企業倫理学的研究である。ここには、かつての企業責任の議論が道徳的な色彩を持ちその科学性に疑問が持たれたが、企業倫理学はむしろその倫理の特質を科学的に根拠づけ前面に出しながら企業と社会との関連を論じる。その中では、企業の利害関係者との信頼の構築を軸に据えて議論を展開する方向が一つの典型例である。その方向によれば、企業が社会との信頼関係を構築するべく行為することに向かう立論がなされる必要がある。こうした言明を科学的に根拠づける試みは、実証主義的に傾斜した経営学的研究に対しても一石を投じるとともに、企業と利害関係者の関係論とそうした関係から企業の志向性を模索する試みの最新の動向として経営学説史的にも注視したい研究上の動向である。

以上、企業を社会の中に位置づけて、利害関係者との関係においてその行動と意味を見るという本巻の要約的まえがきはこのようになる。

（渡辺　敏雄）

目次

第一部　社会の中の企業――利害認識の生成――

第一章　大量生産体制期の企業と社会
――技師による社会的責任の自覚と経営学の生成――

一　科学的管理の原理と技師のイデオロギー

経営学の出発点をどこに求めるかについては、経営のどの側面に焦点を合わせるかによって答えが違ってくるかもしれないが、少なくとも、一九世紀末の主にアメリカ機械技師協会（American Society of the Mechanical Engineers：以下ＡＳＭＥ）を舞台に討論された工場管理問題に関するさまざまな取り組み、所謂体系的管理と、そこでの議論の総合と批判的発展に基づきフレデリック・W・テイラー（Frederick W. Taylor）が提唱した科学的管理を、その重要な源泉の一つとすることには、異論はないのではないかと思われる（Wren 1994, pp. 87–93, 翻訳書、九七―一〇二頁）。

副田満輝教授は、科学的管理を原理のレベルで捉えることの重要性をつとに主張され、それをまず「労働過程に関わる計画と執行の分離、その意識的な系統的な、強制的な分離」、あるいは「管理と労働の分離」の中に見出される（副田 一九七七、一九八、二二六頁）。この原理（以下、第一の原理）は、マネジメントが労働との関係において自己意識を獲得し自立化することを促した点で、経営学的には最も重要な原理であるといえる。テイラーはこの原理を次のように述べている。

「仕事と責任とが管理者と工員との間にほとんど均等に区分される。工員よりは管理者のほうに適した仕事は管理者の方で引き受ける。これまで仕事の大部分の責任は工員の上に投げかけられていたのである」（Taylor 1911, p. 37, 翻訳書、二五〇頁）。

副田教授が次に指摘する原理（以下、第二の原理）は、「資本からの管理の分離」である。これは、テイラーによって必ずしも明確に述べられているわけではないが、計画部への管理機能の集中についての議論から、「このようなものとして解釈できる」原理として副田教授によって導き出されたものである。この原理は、マネジメントが労働との関係においてだけではなく資本との関係においても、自己意識を獲得し自立化することを促すものである（副田 一九七七、二二六—二五五頁、中川 一九九七、一四八—一六四頁）。これは、モンテ・A・カルヴァート（Monte A. Calvert）の表現を借りれば、「製造業の生産の諸組織を黒幕として陰から指揮する技師のエリート集団という（テイラーの）期待」（Calvert 1967, p. 242）に関わるものということになる。ただ、そこでは常に「管理にたいする資本の反攻」（副田 一九七七、二四三頁）の待機が予期されなければならない。ソースティン・ヴェブレン（Thorstein Veblen）が、「きわめて遠い将来の出来事」としてのみ構想することができた「技術者のソヴィエト」も、テイラーから直接導き出されたものではないが、同様の原理の認識に基づくものとして理解される（Veblen 1921, pp. 69–70, 134, 翻訳書、七〇―七一、一二九―一三〇頁）。さらに、このような原理には、ヴェブレンの「関心を哲学から「ライフワーク」のそれ（経済学）へと転換させ」（高 一九九一、九頁）る上で影響を与えたとされるエドワード・ベラミー（Edward Bellamy）が、小説『顧りみれば』（Bellamy 1888, 翻訳書）の中で一一三年後のアメリカを「機械の生産性と工業の論理を前提とするテクノロジカルなユートピア」（Jordan 1994, p. 6）として描く際に立脚していたであろうものにも通底するところがあると思われる。この原理は、例えば、次のようなテイラーによる記述の中にその端的な表現が見出される。

「工場いや製造部は支配人や工場長や職長などの管理すべきところではない。計画部によって管理されるべきものである」（Taylor 1903, p. 110, 翻訳書、一三〇頁）。

さらに、この原理は、計画部で働く技師だけが、個人的な意見や判断や経験ではなく、科学と法則に基づいて計画の全体と細部を決定することができるという、さらにその基底にある考えからもたらされたものであるがゆえに、以下の記述に示されるが如く、「科学に基づく管理」の原理として捉え直すことができるかもしれない。

「最善の管理は、はっきりとした法則と原理とを土台とする真の科学である……」（Taylor 1911, p. 7. 翻訳書、二二五頁）。

以上の二つの原理に加えて、筆者は、労資協調主義の原理、あるいは企業利益よりも公益を優先する原理（以下、第三の原理）を、指摘することができると考える。労資協調主義は、一八九五年の論文「一つの出来高給制度」のサブタイトル「労働問題の部分的解決に向けての一歩」に示されているように、早くからテイラーの問題意識の中核にあったものである。課業管理を実施することで労働者には高賃金を、資本家には低生産費をもたらす、あるいはそのためには科学と協調を信奉するよう労資双方が精神的態度を変革することが前提となるという主張の中に見出されるこの原理は、技師が中立的立場から資本家以外のステークホルダーの利益への配慮を示した点で、社会的責任（技師の、あるいは企業の）の原理と捉え直されるかもしれない（Layton 1971, p. 140）。後年、このような観点は、以下の記述に見る如く、より明確に打ち出されるようになってくる。

「工員に対し今までの二倍の仕事ができるような方法を教えてやっても、科学的管理法においては、以前の賃金の二倍は払わない。働く人に味方するものは、こういってこぼすことであろう。また配当の方に興味を有する人たちは、工員が今までよりも賃金をとりすぎるといって不平を並べるであろう。……しかし今ひとつ大きな団体のあることをみのがしてはならない。それは全国民である。前の二団体の製品を買う消費者である。結局この消費者が工員の賃金も使用者の利益も払っているのである。ゆえに国民の権利は使用者や従業員の権利よりもはるかに大きい。そこで利益があればこの第三の団体にも相当の配当をしてやらなければならない」(Taylor 1911, pp. 135-136, 翻訳書、三二九—三三〇頁)。

ところで、これら三つの原理が、もし誰かの真の利益を隠しつつそれを実現することに役立つよう表明されていたとするならば、それらはイデオロギーとしての性質をも有するものであったといえる。

近年、「CSR、CSV、ESG、SDGsなどの「企業と社会」の関係性を問う問題群(が)、新自由主義と市民社会が緊張関係にあるなかで、現代企業の存在と活動の正当性を主張するディスコースとして、……展開されている」(百田 二〇二〇、二五一頁)ことに見るように、社会との対立を「糊塗・彌縫」し、「社会に支配的ないし目下流行中の価値ないし信条を……タテマエとして取り入れ、それを核として、自らの政策を体系づけ」(中谷・川端・原田 一九七九、i—ii頁)てみせることにより、自らの行動を正当化しようとする企業に貢献し得る論理(イデオロギー)を提供することは、今日に至るまで経営学に期待される一つの役割となっている。

このような観点から、先に述べた科学的管理の三つの原理を見るとき、第一と第三の原理は部分的には企業利益に親和的な内容を含んでいるが、既に述べたように、第二の原理はそれに対立的な内容を含んでおり、一見すると、原理全体として一体性を欠く印象を与える。桑原源次教授は、その原因として、相互に対立する企業志向性と科学指向性（あるいは専門職業的意識）からなる科学的管理の二面的な価値体系を措定し、この両面から統一的に科学的管理を研究するアプローチを示唆されている（桑原 一九七四、一九五―二〇五頁）。しかしながら、筆者は、科学的管理の根底にある価値は専門職業的意識（professionalism：以下プロフェッショナリズム）だけであり、三つの原理はすべてこの一つの価値からきていると考える（その意味では、第二の原理が最も重要である）。そう考えると、三つの原理は相互に矛盾しておらず一体的なものとして捉えられる。つまり、先の三つの原理は、差し当たり、企業のイデオロギーではなく、エドウィン・T・レイトン（Edwin T. Layton, Jr.）が述べるように技師のイデオロギーとして捉えられるべきと考える。「科学的管理は、技師のイデオロギーの一つの外延そして成文化として見られたときに最もよく理解される」（Layton 1971, p. 140）。

それでは、何故今日、技師のイデオロギーとして表明されたはずの三つの原理のうち、第一と第三の原理については企業のイデオロギーとして受け止められ、そして第二の原理についてはほとんど顧みられなくなっているのか。筆者は、その経緯の解明から、科学的管理の経営学の古典としての成立は説明されるのではないかと考える。小論の目的は、科学的管理の経営学の古典としての定位を、それが技師という職業を新しい工業社会に相応しい権限と責任を与えられたプロフェッションとして確立させる（そのメルクマールの一つは、公益への貢献を私益へのそれに優先させる倫理規準の確立であり、第三の原理はこれに関わる）という技師の特別の願望の追求ゆえに、そして結局はその失敗ゆえに、はじめてなされ得たという理解の下に、その歴史的経緯を主にＡＳＭＥに焦点を合わせて振り返ることにある。

つまり、科学的管理は、自らの主張が「経営」学の生成に連なるとは恐らく考えてもみなかったテイラーに代表される人々の、技師という職業をプロフェッションとして確立させるための運動が「失敗」したがゆえに（したがって、第二の原理は日の目を見なかった）、そしてそれにもかかわらず「実業界が受容可能で役にたつと判断した、テイラリズムのうちの科学的な管理の部分を、取り入れ、利用した」（Calvert 1967, p. 242）がゆえに（その意味では、科学的管理は「成功」したし、したがって、その「役にたつ部分」を直接基礎づける先に述べた第一の原理は、マネジメントの基本原則となり、第三の原理は企業イデオロギーの祖型となった）、いわばテイラーたちの手の届かないところでアメリカ経営学の古典として定位されることとなった、というふうに考えてみたいのである。

二　ギルデッド・エイジにおける技師団体の設立

前節で述べたように、プロフェッションとしての技師像の追求とその失敗が、科学的管理の経営学の古典としての定位に関係があるとするならば、まずプロフェッションそれ自体について最低限の理解を得ておくことが必要であろう。これについては、知的プロフェッション（learned profession）としての聖職者、医師、弁護士という古典的プロフェッションの特徴から取り出された理念型に依拠しながら、現代のさまざまな生成途上のプロフェッション（世紀転換期の技師はまさにこれであった）をも対象として取り上げ、生成過程、成立要件、行動基準等の観点から概念化を試みた石村善助教授の研究を参考にしたい。

プロフェッションとは何か

石村教授は、職業を技術的側面、経済的側面、社会的側面から考察する一般的枠組みを、プロフェッションの考察にも適用し、以下のような「仮の定義」を提示されている。

「プロフェッションとは、学識（科学または高度の知識）に裏づけられ、それ自身一定の基礎理論をもった特殊な技能を、特殊な教育または訓練によって習得し、それに基づいて、不特定多数の市民の中から任意に呈示された個々の依頼者の具体的要求に応じて、具体的奉仕活動をおこない、よって社会全体の利益のために尽くす職業である」(石村 一九六九、二五―二六頁)。

さらにこれを補足して、技術的側面については、専門的技能(expertise)を備えたエキスパートであるだけでなく、技術の使用自体を支える一般理論(専門職科学)が存在すること、経済的側面については、特定の人に雇用されて営利追求のために行われるものではなく(したがって、広告宣伝に対しては厳しい制限が課される)、天下万人に開放され、利他主義(altruism)と中立主義に基づいて行われるものであること、社会的側面については、社会から承認され、それに相応しい地位を得るために団体を結成し、またそれを通じて専門技能の維持向上のために資格付与と教育訓練を行うとともに、メンバーの非行や逸脱行動に対して倫理的自己規制を加えることが、述べられている(石村 一九六九、二六―三八頁)。

このような特徴を持ついわば完成形としてのプロフェッションが形成されるまでのプロセスについては、①団体結成(メンバー資格の限定と無資格者の排除)、②名称変更(従来その職域に対して用いられていた職名の変更)、③職業的倫理綱領の制定採用(自己に対するセルフイメージとしての倫理綱領を団体の内外に向けて公示)、④政治的宣伝(公権力による資格の承認、特権の法的付与、公的試験制度の採用)の四段階からなるモデルを示されるとともに、その上でプロフェッションとして確固たる地位を得られたか否かは、その職種での自律性(autonomy)の確立と、そのような自律性を得た職種に対する社会一般の信頼の確立、という二条件の具備が判断材料になると述べられる（石村 一九六九、六七―六八頁）。

以上のようなプロフェッションの特徴から、あらためてその行動原理を引き出せば、利他主義、非営利主義、中立主義、自律性、自己規制ということになろう。

ASMEをはじめとする始祖協会の設立

前項で言及したプロフェッションの形成プロセスとの関連でいえば、アメリカの技師が専門職団体を結成した時期は、南北戦争終結後のギルデッド・エイジ（Gilded Age：鍍金時代）とだいたい重なっており、アメリカの技師はこの時期にプロフェッション化の第一歩を踏み出したわけである。

技師職業それ自体は一九世紀に二段階を経て成長を遂げている。第一段階は、特に一八一六年から一八五〇年の時期の、運河や鉄道の建設のような大規模な公共土木工事によって技師に対する需要が生まれたときである。これらの工事を引き受けた企業は、技術的なパイオニアであっただけでなく、資本の巨大な集積を行った最も初期の企業の一つであった。第二段階は、一八八〇年から一九二〇年までの時期における、製造業からの技師に対する需要によってもたらされた。この時期は、科学の工業への応用の最盛期であり、大規模な製造業企業が勃興した時期でもあった。この四〇年間に、技師職業に携わる人数は、全体で七千人から一三万六千人まで増大し、二千％の増加率を示した（Layton 1969, p. 53）。

このような技師職業全体の成長を背景として、まず一八五二年にアメリカ土木学会（American Society of Civil Engineers：以下ＡＳＣＥ、本格的な始動は一八六七年から）が設立され、その後一八七一年にアメリカ採鉱・冶金技師協会（American Institute of Mining and Metallurgical Engineers：以下ＡＩＭＥ）、一八八〇年にＡＳＭＥ、一八八四年にアメリカ電気技師協会（American Institute of Electrical Engineers：以下ＡＩＥＥ）が順次設立された。founder societies（桑原源次教授の訳に従い、以下始祖協会）と総称されたこれら四団体はすべて、ニューヨーク市にある技師協会会館（Engineering Societies Building）に本部を構えた（Layton 1969, p. 55）。

さて、小論の本旨からまずここで問題とすべきであるのは、これらの団体が前項で確認したようなプロフェッションの内実を備えていたか否かである。

例えば、サミュエル・ヘイバー（Samuel Haber）による以下のような記述は、結成当初のＡＳＭＥにおいてプロフェッショナリズムが既に確立していたとする見解に基づいているようである。

「一九世紀後半の機械技師たちは、伝統的な「学問的専門職」のもつ威厳の故に努力し、また自分自身としても、資本主義以前の専門職倫理と、ほぼ同じものを取入れていた。自分たちの新しい同業者仲間のなかで動機や態度や業績などを評価する場合に、彼らはしばしば市場の外部に存在していた道徳的規範に留意していた。……技師たちは自己宣伝には顔をしかめ、競争心よりは団結心を力説し、……また社会的善に対する責任を一つの神聖な任務と公言していた……かれは顧客が欲しているものを与える商人であるよりも、むしろ患者が必要とするものを与える医師に、より近い立場にあることを自覚していた。……技師を資本と労働の中間に立っていて、特に国民の社会的衝突を解決するのに適している新しい産業知識人である、と描く場合が多かった。専門職倫理のもっているこの高貴な気質は、とくにテイラー家のような定評のある古い家庭から、この領域にやってきた多くの技師たちにとっては、とりわけ魅力があったようである。この種の人々はアメリカ機械技師協会に、その初期のリーダーシップの大部分を提供した」(Haber 1964, pp. 9–10, 翻訳書、一七頁)。

これに対して、レイトンは、アメリカの技師団体の組成、構造、機能は、根本的には、企業の利害と科学的プロフェッショナリズムの精神との間の緊張(そして妥協)によって形成されてきたと考えており、そこにおけるプロフェッショナリズムは非営利主義、中立主義、自律といった行動原理の実現という点で不十分であったと考えている節がある。このような傾向は、始祖協会のすべてに該当したことであるが、団体間で程度の違いは存在した。厳格な会員資格要件、論文公表基準、倫理綱領という点で、ASCEが先頭に立っていたが、鉄道会社のような利害関係グループがASCEの理事会で影響力を及ぼしていた。会員資格要件が最も緩く、倫理綱領の採用を長い間拒絶していた点で、AIMEが最後尾に位置した。ASCEとAIMEの中間にいたのがASMEとAIEEであり、両者はASCEと同様に厳格な会員資格要件、論文公表基準、倫理綱領を設定していたが、企業利害と結びつき業界団体（trade association）として行動する傾向があった（Layton 1969, pp. 54-55）。

ＡＳＭＥに焦点を絞って補足すると、会員資格の点では、それは名誉会員（定数二五名以下）、正会員（三〇歳以上）、準会員（二六歳以上）、年少会員のヒエラルヒーを構成し、一九〇〇年当時会員総数二〇六四人の内その内訳はそれぞれ順に、一六人、一四七七人、一三九人、四三二人であり（ASME 1900, p. vi）、会員規約第六条〜第一二条によれば、年少会員として入会する場合には技術学校の認定した工学の学位の提出が求められ、上位の会員資格に昇格するためにはＡＳＭＥの理事会（Council）を納得させる工学上の経験の提示が求められた（ASME 1900b, pp. viii-ix）。しかし、倫理綱領の点では、一九一四年に採択されたそれにおいてさえ、The Engineer's Relations to the Publicという見出しの下に規定されていることは「技師の宣伝広告は名刺と控えめな看板に限定されるべきである」ということだけであり、それ以外に公益に対するいかなる言及もなされていなかった（Cooke 1918, pp. 85-88）。つまりレイトンは、設立から相当経ってからもＡＳＭＥにおいては、非営利主義の行動原理の確立という点で不十分であったと考えているようである。この点をよく表していると思われるのが、ＡＳＭＥ初代会長ロバート・Ｈ・サーストン（Robert H. Thurston）の盟友で副会長（一八八〇―一八八二年）を務めたアレクサンダー・Ｌ・ホリー（Alexander L. Holley, 桑原 一九七四、二二三頁）が、一八八〇年二月一六日に開催されたＡＳＭＥ設立のための準備会議で議長として行った開会演説の中の、次のような一節である。

「協会（ＡＳＭＥ）を結成することの利点は、他の手段によっては促進されないような、技師とビジネスマンとの間の交流が促進されることである。技術的かつ社交的な会合や工場の視察ツアーに集う同じビジネスで働く人たちが、次第にかつしばしば急速に、嫉妬心を友情に、対抗意識を互助意識に替えるようになることは、当然ありそうなことであるだけでなく、実際歴史が示していることでもある。……特に、会員資格要件は、最も重要な考慮対象である。ＡＩＭＥとイギリス鉄鋼協会（Iron and Steel Institute of Great Britain）においては、採鉱と冶金に従事する人であれば、どんな人に対しても会員資格が与えられている。これらの協会におけるビジネスマンが技師と親交を結ぶという利点は、周知のことである。これらの利点は、大きな会員数をもたらし、したがって論文出版に貢献する大きな会費収入をもたらすことにあるだけではなく、主に最も有利な環境の下でプロフェッショナルな知識と資本と事業手腕を一つ所に集めるという直接的なビジネス上の成果にもある」（Holley 1880, pp. 10–11, 傍点、引用者）。

ここには、ヘイバーがいうような「専門職倫理のもっている高貴な気質」といったものはあまり感じ取られない。廣瀬幹好教授は、むしろこのような記述の中にこそ、「機械工学を機械技師の排他的専有領域としてではなく、機械技師が中心的役割を担うとしてもビジネスマンなどとの協同的な産物」（廣瀬 二〇〇五、九九頁）として捉える機械技師独自のプロフェッショナリズムの生成を見出されているが、本来のプロフェッションのあり方に照らすと、非営利主義の行動原理は根づいていなかった点で、この時期のASMEにプロフェッショナリズムは不十分な形でしか成立していなかったようである。ヘイバーは、プロフェッショナリズムの理想を、レイトンはその現実を述べたということであるかもしれない。

ギルデッド・エイジと機械技師

ところで、ASMEをはじめとする始祖協会が設立されたギルデッド・エイジは、それらの団体において プロフェッショナリズムが確立していたか否かは別にして、機械技師を取り巻く外の世界では、彼らがプロフェッショナリズムを名乗ろうとするならば、利他主義、非営利主義、中立主義という行動原理の観点から、機械工学の枠内に閉じこもらずに直視しなければならないだけでなく、彼らの専門的知識に基づいて対決せざるを得ない(あるいは対決することができる)社会問題が渦巻いていた時代であったといえる。ギルデッド・エイジは、まさに空前の繁栄という金メッキの下から、社会のさまざまな悲惨と醜悪という地金が露呈した時代であった。この時代の説明としては、高哲男教授による簡にして要を得たサマリーを引用しておきたい。

「南北戦争後のアメリカ経済は、対外的には高率の保護関税に守られ、国内的には文字どおりの自由放任体制のもとに、急激な発展をとげた。農地の拡大と農業技術の発展が農業生産物の急激な価格低下をもたらし、鉄道業の発展に触発された機械工業や重化学工業の生成と発展は、飛躍的な工業産出高の増加と価格低下とを実現していった。要するに、国内的には自由競争体制下における「高度成長」が達成されつつあったわけだ。しかし、産業資本のがわにおける強蓄積は、他面で「喉笛を切るほどの競争」をつうじる弱小資本の敗退、豊作貧乏と収奪的ともいえる高鉄道運賃に悩まされた農民による反乱であるポピュリズムの運動、さらにまた低賃金と過酷な労働条件の改善を求めた労働運動の高揚をともなっていた。一八九三年、一八九七年と続いた恐慌は、巨大株式会社体制の確立を告げた大企業合同運動の引金でもあった。そうして、巨大産業都市の簇生はさまざまな都市問題をもたらしはしたが、大量生産＝大量消費体制下における豊かな都市生活、大衆消費文化を生み出していった」(高 一九九一、一一二頁)。

さらに特徴的な事象を付け加えるならば、ギルデッド・エイジとは、「労働運動の高揚」に関連しては、鉄道大ストライキ(一八七七年)、八時間労働制要求ストライキとその渦中で起こったヘイマーケット事件(一八八六年)、ホームステッド・ストライキ(一八九二年)、プルマン・ストライキ(一八九四年)等の労資紛争の続発、「巨大株式会社体制の確立」に関連しては、国と地方の両レベルにおける政財界の癒着・腐敗と自然資源の乱開発、「都市問題」に関連しては、貧民街における犯罪や不衛生、大気汚染(次節、参照)等の、社会問題が噴出した時代であった(野村 二〇一三、七一―一一三頁、有賀ほか編 一九九三、三―一〇〇頁)。

大企業がこれらの社会問題をもたらした最大の原因であったにもかからず、大企業経営者がその責任をほとんど自覚せず、むしろソーシャル・ダーウィニズムに基づいて自らの行動を正当化する傾向があったのに対して、この時期新興成金や大資本家たちに指導的立場を奪われつつあった、旧家の名士、古くからの商人、小製造業者、牧師、法律家などの専門職等からなる、所謂マグワンプ（Mugwump）に代表される人々は、独立革命以来の平等や個人主義といったアメリカの理念を回復するという観点から、これらの社会問題の解決に取り組み、それは世紀転換期以降に革新主義（Progressivism）と総称される改革運動として全国的に展開されることとなった（有賀ほか編一九九三、五五―五六、一二四―一二七頁、佐々木・大井編 二〇〇六、一八頁）。また、ＡＳＭＥの内部においても、このような社会問題に関わっていくことに、プロフェッションに相応しい非営利主義、利他主義、中立主義に立つことのいわば証を見出そうとする、テイラーに代表される改革派が形成される（一八九五年の論文の「労働問題の部分的解決に向けての第一歩」というサブタイトルはそのような自覚を示している」）。次節で言及するクック（Morris L. Cooke）は、マグワンプの流れを汲む家庭の出身者であったとともに、テイラーの第一の側近であった（Layton 1971, pp. 157–158）。しかしながら、世紀転換期頃までのＡＳＭＥにおいて、そのメンバーの主体が、将来的には独立の企業家になることを望む技師から、大企業の出現とともに、「技師の運命を、技師が従業員として勤める大企業に重ね合わせる、組織人の新しい世代」（Layton 1971, p. 154）に移っていったとしても、両者はともに「企業という経路を通じての社会的地位向上の期待から、……彼ら自身の利害を企業のそれに結びつける」点では変わりなく、それゆえに「二〇世紀においてと同様に、一九世紀においても、技師が、医師や弁護士といった他の職業の保持していた独立性を欠いていた」（Akin 1977, p. 6）ことを背景とするならば、テイラーの構想がどのようにして「一九一九年までは一時的にはASMEを支配しているかにみえた」（Layton 1971, p. 154）一つの勢力を形成するに至ったのであろうか。つまり、医師や弁護士とは異なり多かれ少なかれ大企業（兵器廠や海軍工廠を含む）と関係を結ばない限り業務を遂行できない機械技師において、いかに利他主義と中立主義に立つプロフェッショナリズムを求める運動が、一時的にせよ、一つの勢力を占めるに至ったのであろうか。

三　革新主義期のASMEにおけるプロフェッショナリズムの展開

「職場文化」と「学校文化」

前節末尾で提起した疑問に関連して、桑原源次教授は、一八八〇～一九〇〇年のASMEを構成した人々の社会的・文化的な出自を、「職場文化」（shop culture）と「学校文化」（school culture）に二分し、それに関わらしめて機械技師の専門職化過程を分析したカルヴァートの研究を詳細に紹介されている。その要旨は以下の通りである。

「職場文化」に属する技師は、「白人であり、アングロ＝サクソン系であり、プロテスタントであり、工業北東部生まれ」であり、「最下位の見習工から職場を管理する技術者および職場を所有する技術者的企業者（engineer-entrepreneur）へと上昇移動した」者（桑原 一九七四、二二〇頁）ではあるが、富裕な階級出身のいはば「生まれながらのエリート・クラブ会員」としてそこでは描かれている。専門職化過程の観点との関連で重要であるのは、彼らが「社会的地位がすでに保証されていた……専門職化活動の必要をほとんど感じさせなかった」者であり、それゆえに「営利主義への基本的な指向性」を持つとともに「企業者的な理念」に立つ者であるという点である（桑原 一九七四、二二五、二四四頁）。「職場文化」技師の代表としては、先に述べたホリー、テイラーが二二歳から機械工、機械技師、管理者として一二年間勤務したミッドベール社の経営者ウィリアム・セラーズ（William Sellers）そしてテイラー本人が挙げられている（桑原 一九七四、二〇六―二五五頁）。

これに対して、「学校文化」に属する技師は、「平均的な中流ないし中流の下の階級の子弟を整然とした制度的な諸過程によって訓練し、もって有能な機械技師に仕立てようとした」（桑原 一九七四、二四三頁）新興の工学系大学（マサチューセッツ工科大学、レンスラー工科大学、スティーブンス工科大学、コーネル大学附属シブリー工科大学等）の出身者として描かれている。専門職化過程の観点との関連で重要であるのは、彼らが、「機械工学による専門職業的地位の達成により多くのかつ切実な関心を示した」、ビューロークラット的な理念に立つ者であるという指摘である。「学校文化」技師の代表としては、スティーブンス工科大学教授を務めていた時期にＡＳＭＥ初代会長に就任したサーストンが挙げられている（桑原 一九七四、二三一―二五五頁）。

桑原教授の紹介に基づき以上略述したカルヴァートによるタイポロジーに従うならば、専門職化へのムーブメントは、「機械工学による専門職業的地位の達成により多くのかつ切実な関心を示した」、

「学校文化」技師からのみ現れ、「専門職化活動の必要をほとんど感じさせなかった、営利主義への基本的な指向性をもつとともに企業者的な理念」に立つ「職場文化」技師からは現れなかったはずであるが、実際には、公益への奉仕を企業利益への奉仕に優先させる行動原理に立つ本来の意味でのプロフェッショナリズムをＡＳＭＥにおいて追求したのは、「職場文化」に属するとされるテイラーであり、その継承者たるクックであった。また、二つの文化がもたらす「企業者的な理念」と「ビューロークラット的な理念」が、技師が辿るキャリアに関する対照的な理念ではあっても、レイトンが示唆するように、ともにprobusinessである点では共通であり、したがってそれらがプロフェッショナリズムに対する異なる姿勢の根拠になるとは考えられない（Layton 1971, p. 52）。

このダイコトミーは、草創期のＡＳＭＥの構成員のプロフィールを生き生きと描き出すという点では有効であっても、その後のＡＳＭＥで展開したプロフェッショナリズムの諸相を識別する点では必ずしも有効ではないのではないかと思われる。テイラー自身は、このような問題に関連する自らの経歴について、クックへの手紙の中で、次のように述べている。

「私が経験したまさに最善の訓練は、木型職場における徒弟修業の初期の数年間におけるものであって、その間私は並外れた能力を有するとともに品性の立派なある労働者の指導の下にあった。そこで私は毎日労働に従事する熟練工に対する感謝、尊敬、そして称賛を学んだ。もちろん、徒弟修業期間中ずっと、私は当時製造業に蔓延していたひどい状態を注視していたし、それらに関するありうる改善策をみつけるためにかなりの時間と思考を注ぎ込んだ。一八七八年に、はるかに大きな会社であるミッドベール社へ移る気になったのも、そのためであった。そこでの私の全経歴については、あなたはよくご存知だと思う。……ミッドベール社で働き始めた頃常に痛感していたことは、科学に関する私の教養が非常に不足しているということであったので、数学と物理学の通信教育（home study course）を受講し始めた。それは、ハーバード大学の科学の教授連によって提供されているものであった。このように通信教育によって可能な限り学修した後、私はスティーブンス工科大学の教授たちを訪問し、適当な教科書等について相談したが、このことがさらに私がスティーブンス工科大学で通信教育を受講することにつながった。それからおよそ二年半後、つまり一八八三年六月に工学修士（M. E.）として同大学を卒業した。……あなたはおそらく了解していると思うが、私にとって、発明というよりはむしろ研究は知的な気晴らしであり、そしてそれは労働というよりはむしろ素晴らしい遊びであり、そしてこのような私の性向に従うならば、この種のことに私の時間の大部分を費やしたいと切に願っている。しかしながら、誰もがこの種の研究を心ゆくまで行う権利を有しているわけではないことは、私も了解している。このことは、もちろん、他人のお金でそれをするときに特に当てはまるが、私の技師としての人生の全体を通して、企業の目的のために、そしてあまり面白くはないが毎日の管理と節約にとっては重要な目的のために、あまりにも多くの時間を捧げないようにするべく、企業の中で仕事中も私の良心を保たなければならなかった（傍点、引用者）」（Taylor 1910）。

ここでは、shopでの徒弟修業を評価する一方で、石村善助教授がプロフェッションの成立要件の一つとして挙げられる専門職科学（石村 一九六九、二六一―三二一頁）の修得と研究に努めることによりlearned professionの伝統に忠実であろうとするテイラーの姿を窺うことができる。桑原教授は、「アメリカ機械技師協会内の科学的管理派は、……技術者の社会的責任の問題を中心として、より進んだ専門職業的意識を追求（傍点、引用者）」（桑原 一九七四、二六九頁）したと述べられているが、先述のテイラーによる文章からすると、テイラーとその継承者たちが追求したことは、何か新しいプロフェッショナリズムの創造というよりも、むしろ本来のプロフェッショナリズムへの回帰にあったのではないかと考えられる。この点では、次のようなレイトンの認識が重要である。

「テイラー自身は、より古いエリートの一員であった……しかしながら、もっと重要なことは、ASMEの文脈においては、科学的管理が独立の実践を回復し、プロフェッショナルな価値を擁護する強力なイデオロギーを提供したという事実である。両者（独立の実践とプロフェッショナルな価値…引用者）は、商業主義によって脅威にさらされているように見えたのである。……テイラーのシステムは、プロフェッショナリズムと独立の実践を回復するための手段であった（傍点、引用者）」（Layton 1971, pp. 154–155）。

対立していたのは、「学校文化」と「職場文化」というよりも、プロフェッショナリズムとコマーシャリズムであった。しかしながら、世紀転換期に大学教育を受けた機械技師が多数派を占めるに至った「学校文化」の最終的勝利（Calvert 1967, p. 281）に関わらしめてＡＳＭＥにおけるプロフェッショナリズムの生成をカルヴァートが説明したことは、テイラーたちのようなプロフェッション志向的技師（professionally oriented engineers）のそれとは別の、大企業の官僚制組織における技師の一定の自律性確保には関心があるが、「資本と労働のいずれにも肩入れしない、独立の仲介者」であることには関心がない、企業志向的技師（business-oriented engineers）のプロフェッショナリズム、言い換えると「ビジネスと工学の相互依存性を強調する」プロフェッショナリズムの生成を示唆している（Layton 1971, p. 66）。そのような企業志向的技師のプロフェッショナリズムを代表する者として、ＡＳＭＥの第二八代会長（一九〇九年）のジェシー・Ｍ・スミス（Jesse M. Smith）と、第三一代会長（一九一二年）のアレクサンダー・Ｃ・ハンフリーズ（Alexander C. Humphreys）を挙げることができる。

一八四八年生まれでテイラーより八歳年上のスミスは、一八六五年にレンスラー工科大学に入学したが、同大学に在籍のまま一八六六年にヨーロッパに渡って周遊し、さらにその後エコール・サントラル・パリ（L'École Centrale des Arts et Manufactures, Paris）に入学し一八七二年にそこでM. E. の学位を取得している。学位取得前の休暇期間中、ベルリン工科大学（Polytechnic Institute in Berlin）でも受講している。数年の業務経験の後、一八八〇年にデトロイトでコンサルティング・エンジニアを開業し、主に発電等の民間公益事業会社に関係した。ＡＩＥＥの創立委員の一人でもあるかもしれないが、その典型というわけではない。プロフェッショニズムとの関連で言及されるべきことは、スミスの会長就任（次項、参照）が、テイラーの第二五代ＡＳＭＥ会長就任（一九〇六年）で頂点に達したテイラーによるＡＳＭＥ改革運動に対する「反動の開始の前兆」（Sinclair 1980, p. 100）であり、煤煙軽減に関する全国会議開催のクックによる提案が一九〇九年に大会準備委員会（Committee on Meetings）によって却下されたことと（次項、参照）、『科学的管理の原理』の大会での発表とＡＳＭＥ会報への掲載が一九一〇年にやはり大会準備委員会によって事実上却下されたことは（中川 一九九二、一八九―二二九頁）、その延長線上で起こったということである。

一八五一年にエディンバラで生まれたテイラーより五歳年上のハンフリーズは、八歳でアメリカに移住した後、保険会社の窓口係や簿記係として働き、一八七二年にガス燈会社で会計係として工場建設に関わったときに初めて工学的問題に触れたことから大学で学ぶ必要性に気づき、働きながら妻子を養いつつスティーブンス工科大学で学び、苦学の末一八八〇年に卒業している。卒業後は、水性ガス製造やガス燈事業に関わる民間公益事業会社を顧客とするコンサルティング・ファーム Humphreys & Glasgow を率いアメリカとイギリスで名声を得るとともに、ガス会社に設備を納入する Buffalo Gas Company を自ら所有し社長を務めた。このようなガス工学（gas engineering）の権威としての業績が評価されて、一九〇二年にはスティーブンス工科大学の二代目学長に迎えられている。ＡＳＣＥ、ＡＩＭＥ、ＡＩＥＥの会員でもあった（ASME 1912）。このような経歴もどちらかといえば「学校文化」の特徴を表しているかもしれないが、スミスのそれとはかなり対照的である。プロフェッショニズムとの関連では、一九一四年に理事会メンバーでもある幹事（manager）に推挙されていたクックを落選させる運動をハンフリーズが画策したこと（結局、クックは当選した）、逆にクックが翌年、民間公益事業会社との癒着を理由に四名の大学教授兼コンサルタント（他の三名は、マサチューセッツ工科大学 Dugald C. Jackson、ミシガン大学 Mortimer E. Cooley、ハーバード大学 George E. Swain）の一人としてハンフリーズを名指しで糾弾したことが注目される（Layton 1971, p. 167; Layton 1969, p. 66）。

スミスとハンフリーズの共通する点は、ともに電気やガスといった民間公益事業会社と深い関係を有するコンサルタントであったということである。スミスは、会長就任演説の中で、技師が大企業の中で成功する秘訣を以下のように語ることで、自らのプロフェッショナリズム観を披瀝している。

「あらゆることについて浅く知ることは皮相を導き、一方で一つのことだけを深く知ることは偏狭を導く。技師の教育においては、両極端の中間が適切であるように思える。より大きな製造業企業の工場長になることができる技師は、あらゆることについて多少を、いくつかのことについてかなりを、そして一つのことについて深く知らなければならない。……彼の職業に関する、仕事についての熱烈な愛が、一流になる技師の心の中には宿っている。単に賃金のために、熱意を持たずに働く者は、出世しない。彼は、使用人の地位に、しかも安くしか支払われない使用人の地位に甘んずることになる。熱意があるところで、仕事への愛があるところで、それらに続くものが成功である」（Smith 1909, pp. 434–436）。

テイラーのASME会長就任と東部鉄道運賃率事件

前項で確認できたことは、世紀転換期以降のASMEにおいてはプロフェッショナリズムに関するプロフェッション志向的技師と企業志向的技師の対立があったことであり、したがってそれはASMEの主導権をめぐる勢力図にも反映していたと考えられる。レイトンによれば、まず二〇世紀初頭は企業志向的技師が優勢であった。その契機は、一九〇四年に、重要事項の決定権限が理事会から一連の常任委員会（Standing Committees）へ移されたことにある（ASME 1905, p. xiv）。これにより、実務上の問題として、常任委員会で常時活動できる委員を確保するためには、ASMEのニューヨーク本部の近辺に居住する技師に依存せざるを得なくなり、このことが、ニューヨーク地域の大企業と関係の深い会員の影響力を強めることにつながったのである（Layton 1971, p. 155）。一九〇四年当時、アメリカ国内の会員総数二五七七人のうち、州別でみると、ニューヨーク州在住者が八〇二人、ペンシルベニア州在住者が三七七人を占めていた（ASME 1904, p. v）。

そのような体制の中で、テイラーによるプロフェッション志向の主張に同調する勢力が少しずつ伸張したことは、対立を招かざるを得なかった。特に二つの出来事が両派の対立を浮き彫りにすることとなる。

第一は、一九〇六年におけるテイラーのＡＳＭＥ会長就任である。テイラーは、会長として、ＡＳＭＥにおける意思決定権限の中心を常任委員会から理事会に戻す狙いから、事務局長（secretary）人事に手をつけ、一八八三年から二三年間にわたって非常勤としてその任にあったコロンビア大学教授フレデリック・Ｒ・ハットン（Frederick R. Hutton）を退任させ、それを常勤職に変更した上で、当時コンサルティング・エンジニアとしてゼネラル・エレクトリック社に勤めていたカルヴィン・Ｗ・ライス（Calvin W. Rice）と交替させた。しかし、この改革は「抗議の嵐」を引き起こし、反対派が、テイラー退任後の一九〇七年にテイラーと入れ替わりでハットンを第二六代会長に選任し、さらに一年後には理事会メンバーとしての名誉事務局長職を新設しハットンを選任するという反動を、早くも招いた。一九〇九年一月に会長に就任したスミスは、テイラーに対して「騒擾取締令」(riot act）を読み上げ、テイラーによってなされるいかなる提案にも反対するつもりであるという警告を送達した。これに対して、テイラーは、全面戦争になることを避け、一年間理事会を欠席せざるを得なかった（Sinclair 1980, pp. 85–89; Layton 1971, pp. 155–156)。

第二は、一九一〇年に東部の諸鉄道会社の運賃増額申請に対抗して荷主側の弁護士ブランダイス（Louis D. Brandeis）が「科学的管理を採用すれば、鉄道会社は一日に一〇〇万ドル節約できる」ことを根拠に運賃値上げの不当性を州際商業委員会の公聴会で主張し、増額申請の否決を導いた、所謂東部鉄道運賃率事件である。この事件は、科学的管理に対する一般大衆の関心を一挙に高めるとともに、ブランダイス等に代表されるより広い革新主義運動の側に、ギルデッド・エイジから持ち越された社会問題の解決の具体的方法をテイラーの「管理の科学」の中に発見させ、その運動に科学的管理を引き寄せる役割を果たしたが、他方でASME内部の科学的管理に対する反感（特に鉄道会社に関係する技師からの）をさらに刺激することにもつながった。当時ASMEの幹事（manager）を勤め理事会のメンバーであり、後にテイラーのプロフェッショニズムを継承したNew Machine運動をヴェブレンの影響を受けて組織することになるヘンリー・L・ガント（Henry L. Gantt）は、ブランダイスによる主張の論旨をASMEの公式見解として理事会に承認させようとしたが、否決された。テイラーが科学的管理に対する一般大衆の関心の急激な増大に応えて啓蒙的論文「科学的管理の原理」をASME会報に掲載することを申請して結局却下されたことも、テイラーの会長就任以来続く反感がこの事件によって増幅された結果であった（Layton 1971, p. 156; Gantt 1911）。

モーリス・L・クックと煤煙軽減問題

テイラーとガントの失敗の跡を受けながら、部分的な成功を収めた人物がクック（Morris L. Cooke）であった。クックは一九〇三年六月にテイラーに初めて接近し（Cooke 1903）、認められてテイラーの側近グループの最後の一員となった人物であるが、その政治的手腕（political virtuosity）だけでなくジャーマンタウンの上層階級出身であるという生い立ちの類似性ゆえに、テイラーが最も信頼を置く側近となった。一八九五年にリーハイ大学を卒業後、クランプ造船所での徒弟修業、海軍勤務を経て一八八九年以降、新聞、印刷、出版の業界で勤務していた経歴から（Haydock 1903）、テイラー会長の下でクックが最初に宛てがわれた仕事はＡＳＭＥの出版・印刷業務を徹底的に点検することであった。ただ、クックがテイラーに接近した理由は、彼以外の側近の場合とは異なり、機械工学的な関心というよりも、科学的管理のより広範な社会的かつ政治的な意味合いへの関心にあった。その意味で、クックは、ＡＳＭＥにおける科学的管理への敵対勢力の中核が、工学プロフェッション内部の一種の独占的利害関係者として共同行動をとる民間公益事業会社と鉄道会社に関係の深い技師であることを早くから見抜いていた。レイトンの評価によれば、クックは「一九一四年〜一九一九年にＡＳＭＥの土台にまでショックを与える徹底的な一連の改革を達成し、ＡＳＭＥを超えて工学プロフェッション全体にまでそれを広げた」ということであるが、大気汚染の軽減（smoke abatement）に関する全国会議の開催を提案するという彼の最初の挑戦は、年少会員という彼のＡＳＭＥにおける弱い立場ゆえに時期尚早なものに終わった（Layton 1971, pp. 156–160）。しかしながら、それは、自然資源の濫費等とともに革新主義時代の典型的な社会問題であったと同時に、機械技師の社会における役割を利他主義、非営利主義、中立主義という行動原理の観点から再定義することに関わる、プロフェッショニズムの確立という関心からすれば恰好の問題でもあった（Sinclair 1980, pp. 96–98）。

クックは、一九〇九年に煤煙軽減に関する会議を開催することをＡＳＭＥの大会準備委員会に提議するが、単なる工学上の知識の発展にとどまらず改革を目的としていた点で、そして非工学的な観点を盛り込もうとしていた点で、要望された会議は従来のＡＳＭＥの慣行とは根本的に背反するものであったので、その提議は却下される。大会準備委員会の年次報告では次のように述べられている。

「一九〇九年春に数人の会員が煤煙軽減という主題についての大会あるいは協議会の開催を提議した。この提議と、これに対する大会準備委員会の決議は、一九〇九年五月二八日に理事会に上程された。この提議は、できる限り工学的な特徴を排除した全国会議の開催を求めるものであった。十分な検討を行った結果、大会準備委員会は、賛成の決定をすることに同意しなかった。上記の提議に続いて、大会準備委員会は全国協議会（National Conference）の開催を求める第二の提議を承認したが、これは厳密に工学的思考の筋道に沿ったものであった。そのような大会の先例はなかったが、大会準備委員会は、それを承認し理事会に上程した。大会準備委員会は、これまで煤煙軽減という主題についての論文を承認したことはないが、もしそれが厳密に工学的な観点から執筆されたものであるならば、今後も快く受理し、検討するようになるであろう」（ASME 1909b, p. 423）。

大会準備委員会から上程された決議案は、スミス会長が議長を務める一九〇九年六月二日に開催された理事会でそのまま承認されている。理事会は、ASME規約の二六条によれば、投票権を有する、会長、六名の副会長、九名の幹事、会計係、五名の会長経験者と、投票権を有しない事務局長および財務委員会（Finance Committee）委員長から構成され、三三条によれば出席者の三分の二以上の賛成によって議決される（ASME 1909c, pp. 20–21）。その日は、会長他、副会長の G. M. Bond、R. C. Carpenter、F. J. Miller、幹事の A. L. Riker、H. G. Stott、会長経験者の A. Swasey、Oberlin Smith、F. M. Whyte、財務委員会委員長の A. M. Waitt、事務局長の C. W. Rice が出席しており、そして幹事のハンフリーズと I. E. Moultrop からは欠席届が提出されていた。会長経験者のテイラーと幹事のガントは欠席していた（ASME 1909d, pp. 4–5）。このような決定には、大気汚染のような公共的問題について純粋に工学的観点からのみ検討可能であるとする、企業志向的技師のプロフェッショナリズムが反映されていると考えられる。この結果について、テイラーはクックへの手紙の中で次のように述べている。

「大会準備委員会のニューヨークのメンバーは、ニューヨークの大企業を代表するＡＳＭＥ会員たちによって影響を受けているのが実情であるように、私は思います。大会準備委員会のメンバーが主にニューヨークかその近辺の会員から構成され、したがっていくつかの点で大会準備委員会はＡＳＭＥの会員を決して十分に代表するものではないように思われます。これが最大の不幸ですが、この難事から逃れられる方法を知りません。ＡＳＭＥの中の様々な委員会が、ある意味で理事会の願望からあまりにも独立して存在しているという確信が、次第に私の中で大きくなっております。私は、理事会がＡＳＭＥの中で最高の権限を持つべきであり、各委員会は理事会によって与えられる指示を遂行すべきであると、考えます。」（Taylor 1909）

大会準備委員会と理事会において承認されたもう一つの「厳密に工学的思考の筋道に沿った全国協議会」の方については、その試験的な会議が、翌一九一〇年一一月一〇日に、ボストンで、ASMEとASCEボストン支部、AIEEボストン支部、ボストン商工会議所との共催により、民間公益事業会社の牙城ともいうべきエジソン社のオーディトリアムを会場とし、一五〇名の参加者を集めて開催された。基調講演を行ったドワイト・T・ランドール（Dwight T. Randall）は、「煤煙を発生することを違法とする法令は、それ自体効果的ではなく、煤煙軽減の成果は、工学的観点からその困難を認識し克服することによってのみ達成されうる」と述べたと、ASME会報で報告されており（ASME 1910, p. 10）、企業志向的技師のプロフェッショナリズムの一端を窺い知ることができる。さらにこの報告をまとめた論文では、次のように述べて、機械的効率（mechanical efficiency）よりも商業的効率（commercial efficiency）を、そして最終的には公益よりも商業的効率を優先させる企業志向的技師の価値観を表明している（Haber 1964, p. 11, 翻訳書、一八頁）。因みに、ランドールは、コンサルティング・ファームのアーサー・D・リトル（Arthur D. Little, Inc.）からゼネラル・モータースのデトロイト工場に派遣された常駐技師であった（ASME 1911, p. 734）。

「いくつかの工場を、煤煙を出さずに、しかし同時に非効率的に運営することは可能である。多くの工場は、最大の節約を確保するよう運営される時に、ある程度の煤煙が煙突から発生し、しかもボイラー室における諸条件の些細な変更だけで煤煙の発生を増悪させてしまうよう設計されている。煤煙問題に関する一般的な結論は、前者の工場だけに依拠すべきではない。過去五年間に炉の設計についてなされたかなりの進歩があり、今や瀝青炭を効率的にしかも批判を招くような煤煙を出さずに燃焼させて稼働している多くの工場が存在する」(Randall 1911, p. 223)。

四　結びにかえて

クックによる最初の挑戦は失敗に終わったが、その後のプロフェッショナリズムを追求するためのほとんど「孤軍奮闘」(Layton 1971, p. 172) ともいえる努力は、一定の成果を挙げている。その一部を列挙すれば、技師の大衆への奉仕を検討するための常任委員会 (Committee on Public Relations) を新たに設置する提案と一九一〇年におけるその実現、一九一一年におけるフィラデルフィア市公共土木事業局長への就任と市に過大な電気料金を課す電力会社との法廷闘争での勝利、法廷闘争の過程での電力会社に代表される民間公益事業会社と有力なエリート技師との癒着の暴露、ASME全体で癒着を断つ土台を築くための公益への奉仕を技師の最高位の義務として位置づける新たな倫理綱領の提案と一九一八年におけるその採択等である (Layton 1971, pp. 160–172)。

しかしながら、一九一五年に一年間だけ幹事を務めたことを除けば、クックはASMEの中枢から遠ざけられ、「局外者」(by-stander) の地位に追いやられていた。それというのも、機械技師職業の低い威信が大衆に直接的に奉仕していないという事実の帰結と捉え、工学とビジネスを根本的に異なるものと想定することに基づくクックのプロフェッショナリズムが（Layton 1971, pp. 158–159）、「使用者によってその会費が支払われていた」（Layton 1969, p. 61）多くの会員にとって、大企業の官僚制組織の中で相対的な自律性を確保しようとする彼らの願望にどれだけ役立つかが分からない、ある意味「的外れ」なものであったからである（Layton 1971, pp. 170–172）。

ＡＳＭＥにおけるプロフェッショナリズムの追求という点で、クックの最後の貢献は、技師の社会的責任の理念を始祖協会全体に浸透させるために統一的組織であるアメリカ工学会連合（Federated American Engineering Societies）の結成に尽力し、一九二〇年にその下での「産業における無駄」（Waste in Industry）調査に参加したことである。しかしながら、無駄や非効率の原因の一つとして経営者による管理を指摘した第一次調査報告書は、経営権に対する冒涜（lèse-majesté）と実業界では見なされ、特に連続工業における二交替一二時間労働制を三交替八時間労働制に是正すべきと結論づけた第二次調査報告書によって、実業界の敵意は頂点に達した（Layton 1969, p. 60, 今井一九八九、二三一―三五頁）。そして、一九二〇年代に至ると、ＡＳＭＥ内のテイラー派の技師が中心となって結成されたテイラー協会の会報においてさえも、クックがしたような利潤動機を奉仕動機の下位に置くべきとする訴えは、次第に稀になったことに見るように（Haber 1964, p. 162, 翻訳書、二二六頁）、「専門家の支配としての科学的管理は、労資の上に立とうとすることをやめ、資本に従属し、奉仕する自らの役柄に専門化していったのである」（原田一九七九、二五頁）。

そのような意味ではレイトンが述べたように、「科学的管理は失敗した」（Layton 1971, p. 172）のである。それは確かに、テイラーの考えたことから何一つ欠ける所のない完全なシステムを経営者たちに採用させることができなかったという意味において、そしてそのマネジメントの制度や手法に込められたプロフェッショニズムがすべての技師によって必ずしも受け入れられなかったという意味においては「失敗」した。しかし、そのマネジメントの制度と手法（取捨選択された）が多くの企業に導入されたという意味において、そして一九二〇年代のウェルフェア・キャピタリズムの展開に見られるように、プロフェッションとしての技師の介入が想定されない労資協調主義（精神革命）の経営理念がその後広く受け入れられたという意味においては、むしろ大きな「成功」を収めた（平尾・伊藤・関口・森川編著 一九九八、二一―二五頁）。この失敗と成功を辿ることにより、結果として科学的管理は、経営学の古典としての地位を与えられることになったのではなかろうか。

（中川 誠士）

第二章　社会に対する企業の道徳的行動
――ＣＳＲの理論的進展を中心に――

一　ＣＳＲ理論への前哨

本章の課題と構成

社会に対する企業の道徳的行動を表現する典型的な言葉として「企業の社会的責任（Corporate Social Responsibility：以下、ＣＳＲ）」というタームは、今や財界のみならず広く公衆にも認知されるようになった。事実、何らかの耳目を集める企業不祥事が起きるたびに、各種メディアにおいて「ＣＳＲ」の見出しがよく見受けられることからも、このことは容易に肯けよう。だが、その反面、ＣＳＲという思想がいつどのようにして顕在化したのか、また経済的・社会的状況の変化とともに、その捉え方がどのように変容してきたのか、といった一見素朴ではあるが本質的な問題については（特に初学者には）あまり知られていないのが実情であろう。そこで、本章では、この点を明らかにするために、この事象に逸早く関心を寄せ、長年にわたりその研究を蓄積してきたアメリカの先学者たちの業績を主たる拠り所として、CSR概念の変遷をその理論的動向と関連づけて考察することにしたい（ただし、考察範囲は紙幅の制約上、概ね二〇世紀末までとする）。

本論に入る前に、ここで、以下の論考の筋道を簡単に示しておこう。まず初めに、CSRという思想が概ね二〇世紀初頭から半ばにかけて一部の企業経営者を中心に広まってきた経緯を素描し、そうした原初的段階での企業の社会的活動を支えてきた二つの行動原理について概説する。次に、CSRへの関心が社会全般に拡大する契機となった一九六〇〜七〇年代にかけての経済的・社会的状況について概観する。経営学においてCSRの研究が本格化し、その専門分野が形成されるのは、ちょうどこの時期である。そこで本論では、CSRの肯定論を支える論拠はもとより、肯定論に寄せられた批判的見解や疑念についても紹介することで、この創成期のCSRをめぐる研究者たちの議論を包括的に概説することにする。続いて、先の議論の中から台頭してきたCSR理論の新たな展開（時代的には一九七〇年代半ば〜八〇年代にかけて）を振り返り、そこで見出される理論的な諸特徴について概括する。さらに、ここでは、その理論展開への関心が八〇年代に入り種々の新たな環境変化の中で薄らいでいく情勢についても概観する。そして最後に、これまでの論点を整理し、若干の見通しを提示することで章を閉じることにしよう。

以上のような歴史的・学史的考察を通して、持続可能性が希求される現代社会において企業が道徳的行動を進めるうえでCSRという概念がどのような意味を持つのか、改めて考える契機になることをめざしたい。

企業における社会的責任意識の芽生え――二〇世紀前半の動静――

モレル・ヘルド（Morrell Heald）によるCSRに関する精緻な歴史的分析によれば、アメリカでは一九世紀末に、アンドリュー・カーネギー（Andrew Carnegie）のような一部の大実業家が既に慈善事業に関心を示し積極的に取り組んでいたが、そうした実業家の個人的な良心や博愛心からではなく、企業経営の観点から経営者が社会との関係の重要性を意識し始めたのは、二〇世紀になってからである（Heald 1970, p. 19）。ここでは、当時の経済的・社会的状況を概観しながら、この点について考察することにしよう。

二〇世紀初頭から三〇年代にかけて、アメリカでは「所有と経営の分離」を背景にした企業の大規模化が進行し、ビッグ・ビジネスが相次ぎ出現した。それとともに、技術革新、人的資源への投資、市場の拡大などによって企業の組織編成が効率化し、規模の経済が実現され、結果的に諸資源が生産性の高い製造業へと一挙に移行していった。また、同時期に成立した多種多様な商品の全国市場は、民衆の生活様式を「消費」指向へと飛躍的に変えていった。まさしく当時のアメリカは、大量生産・大量販売・大量消費で特徴づけられる消費者資本主義の土台を形成し確立していく「高度経済成長期」の只中にあったのである（秋元 一九九五、九〇―九一頁）。

このように経済が急成長するにつれ、企業の社会に対する影響力はますます強まっていった。だがその一方で、こうした企業権力の肥大化に対して警戒心を強める動きも高まりを見せてきた。その急先鋒が「革新主義（Progressivism）[1]」と呼ばれるリベラルな改革運動であり、その主唱者たちは経済成長の下で広がる格差や貧困などの社会問題を背景に反独占、企業規制、労働条件の改善などの必要性を熱心に説いた。また、こうした運動と相まって、政府も企業に対する規制（独占禁止法、銀行規制、食品医薬品規制など）を強化し、企業の権力濫用の抑制に乗り出した。このような社会的抵抗と公的規制強化の流れを受けて、それに敏感に反応した一部の経営者の間に「企業は利益を上げるだけでなく、社会に対して果たすべきより一層の責務がありうる」といった意識が芽生えるようになってきた。ここに、CSR思想の始原が見て取れよう。そして、これらの経営者たちは、試行錯誤を重ねながら企業と社会との良好な関係をめざしていった。その過程で生起したのが「慈善原理（charity principle）」と「受託責任原理（stewardship principle）」と呼ばれる二つの指導原理であった。以下、各々の成り立ちについて簡単に説明しよう（Frederick 1986, pp. 2-7）。

慈善原理とは、本来「富者による貧者への施し」という古典的観念に由来するもので、「企業には社会的に恵まれない人々に対し自発的に支援する義務がある」という考えに通ずるものである。ここで、この着想が生まれた経緯について軽く触れておこう。前世紀末から二〇世紀初頭のアメリカでは、社会的に恵まれない人々（失業者、障がい者、被災者、貧困層など）への援助は、公的支援の不足分を主として富裕な実業家や資産家たちが私財の一部を福祉施設などに寄付する仕方でなされていた。ところが、一九二〇年代になると、それらの支援活動に必要な額は富裕層の個人的資産の総額を上回るまでに肥大化し、それを機に、個人の慈善だけでなく企業の慈善にも大きな期待が寄せられるようになった。折しも、当時全国的広がりを見せていた「共同募金運動（The Community Chest

Movement)」[2]に多くの企業が寄付金を通して参加するようになったことも追い風となり、「社会的弱者に対する慈善活動は企業に課された一つの義務である」という考え方、即ち慈善原理が善良な経営者の間に自然に浸透していったのである。

次に、受託責任原理について見ていこう。企業は、もとより株主のために利益を上げようとしてきた。だが、その規模が拡大するにつれ、それは次第に株主以外の他の多くの人々にもさまざまな影響を及ぼすようになってきた。このように、企業の社会的影響力が拡大する過程で、一部の経営者の間には「公益の受託人(steward)・管財人(trustee)として、企業の意思決定や政策によって影響を受けるあらゆる人々(従業員、供給業者、顧客、地域住民など)の利害を考慮しながら、社会に資するように資源を賢明かつ慎重に使用しなければならない」という考え方が浮上するようになった。受託責任原理は、こうして生まれたのである。

このように、慈善原理は社会の恵まれない人々に対し寛大な態度を取るように、そして受託責任原理は社会資源の受託者として種々の関係者の利害に配慮するように、公徳心の高い経営者を駆り立てた。これら二つの原理は、企業のフィランソロピーやメセナ活動、さらには利害関係者管理に取り組む現代の経営者の深層にも息づいていよう。その意味で、これら二原理は、CSR理論に一定の痕跡を残したといえる。しかしながら、当時のCSRの発想は、慈悲深い管理の観念に染められた温情主義的な見解であり、利潤を追求する傍らで限定的に実践されたため、一般に企業経営の要諦とは見なされなかった。そのため、それに関する学術的な研究もほとんど進展しなかった。総じて、少なくとも一九六〇年頃までは、「株主への責任を前提に、顧客に対して有用な製品・サービスを提供しながら利潤を獲得すること（そして適宜、慈善的援助を施すこと）が企業に課された社会的責務である」といった考えが財界を中心に根強く支持されていたのである。だが、六〇年代に入ると、こうした通念を一変させる事態が生じてきた。ＣＳＲが社会問題視され、本格的に議論され始めたのは、この頃からである。次節では、この時代に焦点を当て考察することにしよう。

二　ＣＳＲ理論の生成（一九六〇〜七〇年代）

CSRが問われる背景――「経営と社会」研究の形成――

第二次世界大戦が終結した一九四五年からオイルショックが起きる一九七〇年代半ばにかけて、アメリカの経済成長は、中間層の急増に伴う消費市場の急激な拡大を追い風に順調に推移していった。この時に「大繁栄時代（the Great Prosperity）」と呼ばれる（Reich 2011, p. 42, 翻訳書、五〇頁）、この長期的な成長を支えたのは、戦時中に開発された技術革新を糧に、高度に合理的なテクノロジーを駆使して大量生産・大量販売を追求した企業活動であった。このように、企業の大量生産と大衆の大量消費の補完関係がうまく機能したことによって、この時期のアメリカ社会は幅広い層で「物質的・経済的豊かさ」を共有することが可能になった。[3]その意味で、当時の企業の合理的な経営行動は、社会の経済的繁栄に大いに貢献したのである。

だが、それは豊かさをもたらす一方で、人々の社会的な問題意識や欲求を高めることにもなった。例えば、高学歴化を背景に、消費者は価格よりも製品の「安全性」への関心を高め、労働者は賃金とともに「経営参加」や「職場の安全性」等を要求するようになった。また、女性やマイノリティは「機会均等」や「社会的地位の向上」を主張し、地域住民は「自分たちの生活環境の保護」に一層敏感になってきた。こうした動きが相まって、一九六〇年頃から公民権運動や消費者運動（コンシューマリズム）、住民運動を始めとするさまざまな社会運動が高揚してきた。そして、これらの運動は、企業経営に対し少なからぬ圧力をかけるようになってきた。

そうした中、生起したのが「公害」問題である。主として、重化学工業の大量生産過程で排出される大量の有害な廃物・廃水・廃熱によって引き起こされた、この深刻な地域環境汚染は、一九六〇年代後半から七〇年代にかけて先進国を中心に相次ぎ発生し、当該地域住民の生命を大いに脅かすことになった。当然、この問題は、当時のマスコミによってセンセーショナルに報じられ、大きな社会的関心を集めることになった。こうして、「公害」問題を機に、企業のポジティブ・アウトプット（製品）のみならずネガティブ・アウトプット（廃物・廃水・廃熱）が注目されるようになり（玉野井一九八二、二九―三一頁）、企業の経済的活動が及ぼす派生的影響に一段と厳しい視線が向けられるようになってきた。

このように、経済的繁栄を支えてきた従来の合理的な経営行動の負の側面が露呈し、それに対する批判が強まるにつれ、「企業は単に経済的問題のみならず、それが引き起こした社会的問題にも真撃に対応する責任がある」といった考え方が社会全体に広まっていった。「企業の社会的責任（CSR）」という言葉は、こうして人口に膾炙していくのである。そして、このような企業を取り巻く状況の変化を受けて、経営学の分野でも「経営と社会（Business and Society）」と呼ばれる新たな領域が形成され、CSRを専門的に研究する学者が次第に増えていった。その勢いは、一九七一年にアメリカ経営学会の分科会に「マネジメントにおける社会的課題（Social Issues in Management：SIM）」が新設されるまでに強まってきた（Frederick 2006, p. 206）。こうして、CSRの学術的研究が盛んになり、本格化し始めたのである。

ところで、この研究の創成期では、CSRの概念をめぐり、多岐にわたる議論が活発に交わされてきた。以下では、それらについて、CSRを肯定する立場と肯定論に異議を唱える立場に二分して捉え、それぞれの代表的な主張を簡単に紹介することにしたい。まずは、肯定論者の主張から見ていくことにしよう。

CSR肯定論を支える論拠

一九五三年にハワード・R・ボーエン（Howard R. Bowen）が『ビジネスマンの社会的責任』[4]（Bowen 2013）を上梓して以降、七〇年代にかけて、肯定論の立場から企業が社会的責任を果たすべき論拠について多数の見解が示された。ウィリアム・C・フレデリック（William C. Frederick）は、そこから六つの命題を引き出している（Frederick 1986, pp. 8–10）。ここでは、この彼の所論を概観することで、ＣＳＲを支持する当時の論拠の特徴を捉えることにしよう。

①**社会的権力は同等の社会的責任を伴う。**これは、責任は権力から派生するものであり、権力の必然的代替物であるという前提（権力と責任のバランス）に立って、企業（特に大企業）は多くの人々の経済的生活に影響を及ぼす多大な社会的権力を有するので、その権力と同等の責任を社会に対して負う必要があるという見解である。いうまでもなく、ここでの社会的権力とは、「社会を支配する」権力ではなく、むしろ「社会が企業に期待する仕事を遂行する力を意味する機能的権力」(Davis, Frederick and Blomstrom 1980, p. 50）のことであり、いわゆる社会的影響力を示唆している。通常、この命題は「責任の鉄則（the Iron Law of Responsibility）」、即ち「社会が責任的であると見なさない様式で権力を行使するものは、長期的にはその権力を喪失する傾向にある」(Davis and Frederick 1984, p. 36）という見解と相まった形で、ＣＳＲを正当化する最もポピュラーな論拠として肯定論者によって広く支持されてきた。

②**社会的責任を自発的かつ積極的に受け入れることは政府による干渉や規制よりも望ましい。**企業にとって、政府の干渉や規制がより一層強化されることになれば、経済的なコストが一段と膨らむばかりか、経営意思決定の裁量権も大きく制限されるといった由々しき事態が起きる恐れがある。このような事態を回避するためには、企業が社会的に有意味な行動を自発的に遂行することで、政府による干渉や規制の強化を思い止まらせることに努めるのが有効であるということを、この命題は説いている。要するに、「ＣＳＲの自発的遂行は政府の規制に対し一定の抑止効果がある」というのが、こ

の論拠の本質である。

③自発的な社会的責任は、企業経営者に他の社会的諸集団の正当なクレームや権利や要求を承認し受容することを促す。企業が大規模化するにつれて、その利害関係者は株主、従業員、労働組合のみならず顧客、供給業者、行政機関、メディア、地域コミュニティ、一般大衆などへと拡大していった。それに伴い、当然、企業に寄せられる要求やクレームも量的には増大し、また質的には多様化・流動化しやすくなっていった。企業がこのような社会的ニーズの劇的な変化に対応するためには、これまでの利潤追求に専念した経済志向的な姿勢を改め、経済的責任レベル以上の責任領域に視野を広げることが必要不可欠になろう。このように、この命題は、企業を取り巻く多種多様な利害関係者の要求やクレームに柔軟に対応するための要件として広範な社会的責任の自覚を提起することで、CSRを正当化しようとしたものである。

④企業の社会的責任は法律の遵守や市場関係を統治する規則の遵守を求める。一九六〇年代以降、企業経営に対する社会の視線が厳しくなってきたにもかかわらず、詐欺、不正行為、法的契約の不当な破棄、価格の不当な吊り上げ、あるいはその他の反市場的・反競争的な企業不祥事は繰り返されてきた。法律や市場ルールを遵守することは、企業が利潤追求を許容されるのに必要な経済的・政治的秩序を保持するための要件であることから、これらの違法な行為や反市場的な活動は断じて許されるものではない。その意味で、法や規則の遵守は、企業にとって経済的活動と同じく根源的責務であり、社会的義務でもあるのだ。この命題は、CSRがこうしたコンプライアンスの重要性を改めて認

識させる契機となることを説いたものといえる。

⑤**「啓発された利己心（enlightened self-interest）」という態度は社会に対し責任的な企業に長期的な利潤をもたらす。**ＣＳＲを実践すれば（例えば慈善活動、公害防止対策、欠陥商品の自主回収など）、確かに付加的なコストが嵩み、短期的には利潤は減少する。しかしながら、これらのコストは、社会に対して責任的な経営活動から生まれる公的イメージと信頼の向上によって、長期的には回収され、継続的な利潤獲得につながり得る。このように、この命題は、ＣＳＲに要するコストは企業の社会的信頼形成への先行投資であり、長期的に見れば経済的損失にはならないことをアピールしたもので、時間軸の観点からＣＳＲを正当化しようとした論拠といえる。

⑥**あらゆる企業が社会的に責任のある態度をとるようになれば、経済的・社会的・政治的安定が一段と強まり、ひいては資本主義体制に向けられる社会的批判の程度も弱まるはずである。**この命題は、東西冷戦という当時の国際政治情勢をある意味反映したもので、資本主義体制の維持にはＣＳＲが不可欠であることを強調することにより、その正当性を示したものである。

以上がフレデリックによって提示されたＣＳＲを支持する六つの論拠の概要である。そこから読み取れるように、この創成期のＣＳＲ理論の論調は、主として企業がこれまで保持してきた社会的権力ないしは影響力を擁護し、経営意思決定の裁量権を維持していくための理念的な装置として展開される傾向が強かった。しかしながら、このような理論傾向に対しては反発も強く、当初からさまざまな観点から批判や疑念が向けられてきた。次項では、これらの見解について見ていくことにしよう。

創成期のCSR理論への批判

その口火を切ったのは、市場原理主義信奉者を中心とした、いわゆる社会的責任否定論の立場からの批判である。その急先鋒となったのが経済学者のミルトン・フリードマン（Milton Freidman）である。彼は、企業経営者の責任とは、「法律や倫理的慣習の中に埋め込まれた基本的な社会ルールの遵守を前提にして、最大限の利益をあげること」（Friedman 1970, p. 122）であり、それ以外の責任を担うことは「株主利益の損失につながるので不適切かつ不必要である」と主張することによって、拡大していくCSRの概念に歯止めをかけようとした。要するに、この立場の批判者は、CSRを自由市場経済の秩序を乱すものと捉えたのである。

また、ロバート・W・アッカーマン（Robert W. Ackerman）、レイモンド・A・バウアー（Raymond A. Bauer）等を中心とした、急進的なCSR肯定論の立場からの批判もあった。彼らは、これまでのCSRの議論は抽象的で理念的なレベルに止まっており、社会からの要請に対して企業が取り得る有効な実践的手立てをほとんど提示してこなかったと評したうえで、社会的責任はより行為的・実践的意味合いを持つ「社会的反応（social responsiveness）」に道を譲るべきであると迫った（Ackerman and Bauer 1976）。

さらに、中立的なスタンスを取る論者からは、これまでのCSR論には、社会的責任の概念に内在する定義上の問題（その内容、範囲、行為主体の曖昧さ）、トレードオフの問題（経済性と社会性の両立のジレンマ）、企業経営者を社会的に責任のある行為に方向づける明確な道徳的指針の欠如などが見られる、といった指摘を受けた（Frederick 1986, pp. 12–16）。

このように、創生期のCSR理論は、その否定論者からの批判はもとより、中立的な立場からの疑念や肯定論者からの内部批判にもさらされ、一九七〇年代半ばには行き詰まるようになった。こうした理論的な閉塞状況を打ち破るために、急進的なCSR肯定論の流れの中から台頭してきたのが「企業の社会的パフォーマンス（Corporate Social Performance：以下CSP）」をめぐる諸理論である。ここに、CSR理論は新たな段階を迎えるのである。次節では、このCSRの新展開について考察することにしよう。

三　CSR理論の展開（一九七〇～八〇年代）

CSR理論の新潮流──CSP理論の概要──

CSPとは、社会的責任の問題を企業活動全体との関係性においてより実践的・政策的に捉えようとする研究者たちによって、概ね一九七〇年代半ば以降盛んに用いられるようになった経営用語である。この概念を企業の「社会的正当性」を分析するための枠組みとして逸早く提示したのは、S・プラカシュ・セチ（S. Prakash Sethi）である。彼は、企業の社会的役割を「社会的義務（市場や法的規則に従う企業活動）」、「社会的責任（支配的な社会規範や価値に合致するところまで企業活動を向上させること）」、「社会的反応（企業が動態的な社会環境の中で果たすべき役割を『予期する』こと）」の三つの行為のレベルで捉えた概念的枠組みを通して、企業の社会的正当性のレベルを分析しようとした（Sethi 1975）。ただし、彼の所論は、平面的で静態的な単なる類型論に止まっていたため、理論的に継承されることはほとんどなかった。

㈠　キャロルの三次元概念モデル

このCSPを初めて体系的に捉えたのはアーチ・B・キャロル（Archie B. Carroll）である。彼は、CSPの本質的側面を包括的に描写するために社会的責任、社会的課題（social issues）、および社会的反応の三つの要素からなる概念モデルを提示した（Carroll 1979）。以下、CSP理論の大まかなイメージを掴むために、彼の所論について簡単に触れておこう。

まず、このモデルでは、「社会的責任」は経済的責任（社会が求める財やサービスを提供して公正な利潤を獲得すること）、法的責任（企業に関連した法規やルールを遵守すること）、倫理的責任（社会が企業に期待する正当な価値や規範に即して行動すること）、ならびに自由裁量的責任（企業の経済活動には直接関連しない文化・社会貢献活動に自発的に取り組むこと）の四つのカテゴリーに分類して捉えられる⑸。

次に、これらの責任がリンクする「社会的課題」が識別される。もちろん、直面する課題は個々の企業によって異なるし、また時期が経つにつれて変化するが、一般的なものとしてはコンシューマリズム、環境問題、製品の安全性、職場の安全性などが挙げられる。

そして、直面する社会的課題に対し企業が責任的に対応する際の背後に潜在する行動様式として

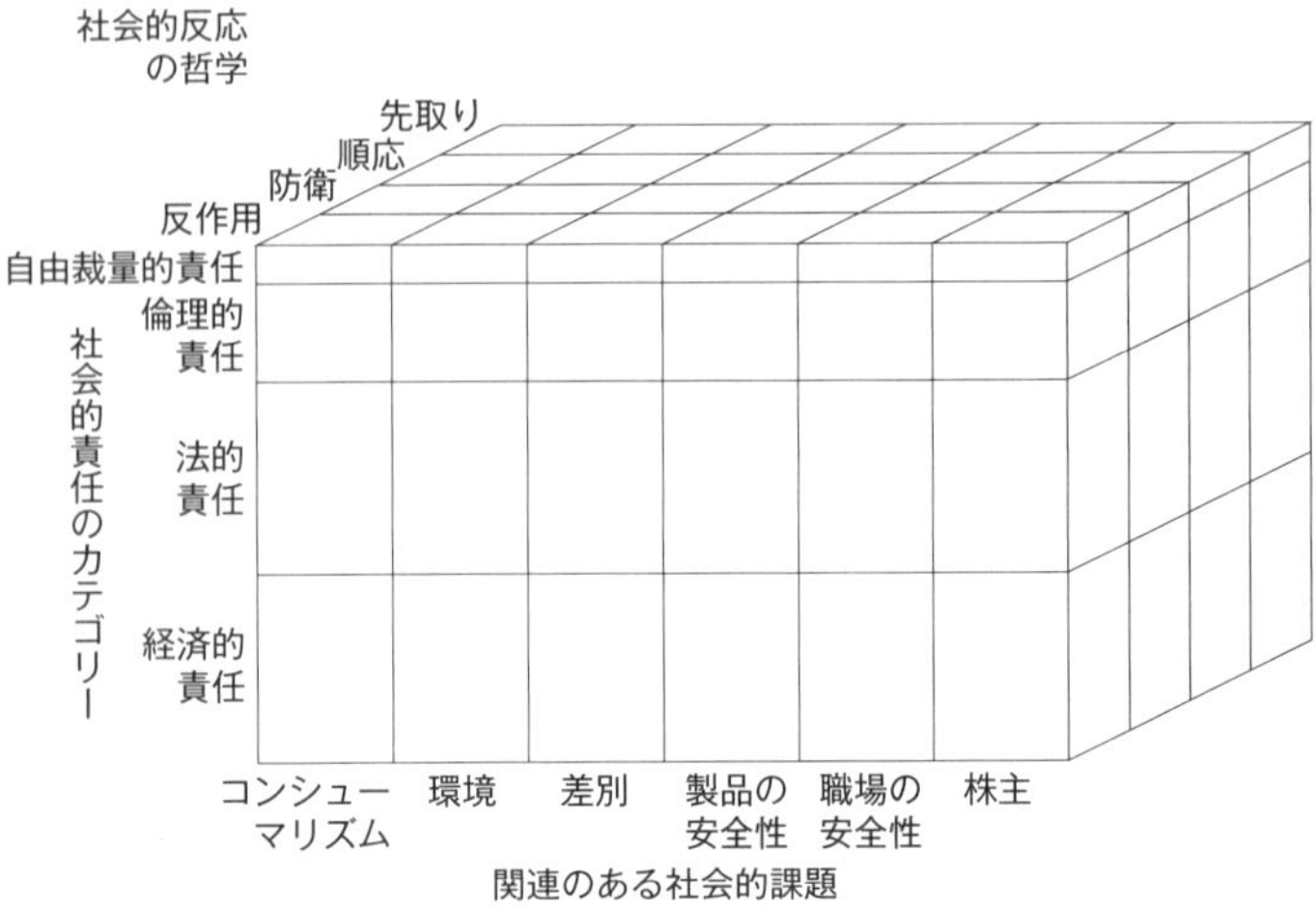

出所：Carroll 1979, p. 503.

図表 2-1　CSP の三次元概念モデル

「社会的反応」が措定される。この社会的反応は、「反作用―防衛―順応―先取り」といった消極的なものから積極的なものに至る四つの行動パターンに分類される。[6]

　以上の三つの概念を統合して三次元からなる立体モデルで明示したのが、キャロルのCSPモデルである（図表2―1）。

　それによれば、「①企業の社会的責任が評価され、②企業が取り組まねばならない社会的課題が識別され、③それに対応するための行動様式が選択される」（Carroll 1979, p. 504）ことで、企業の社会的スタンスを可視的に把握することが可能となる。こうして、このモデルは、CSPの現状を客観的に分析し、社会的責任政策の方向性を決める際の有用な概念的枠組みになると見なされたのである。[7]

　このキャロルの所論が一つの理論的な礎石と

なり、その後八〇年代にかけてCSPに関する数多くの理論が提示されるようになった(8)。紙幅の制約上それらについて詳述する余裕はないので、ここでは、そこで共通して見られる特徴を四点にまとめて記しておこう。

(二) CSP理論の特徴

第一に、CSP理論では総じて、経済的責任（公正な利潤の追求）、法的責任（コンプライアンス）ならびに狭義の社会的責任（キャロル・モデルでは倫理的責任と自由裁量的責任）を包摂した広義の社会的責任概念を提示することによって、経済的利潤と社会的責任を同時的に追求しようとする傾向が見られる。そこでは、もはやCSRの問題は、以前のような「経済的か社会的か」といった二者択一的なレベルを超えたところにあるのだ。CSP論者は、このように社会的責任を広義に解釈することによって否定論者に応ずるのである。

第二に、大半のCSP理論は、社会的責任の理念と政策とを結合する媒体として「社会的反応」という概念を導入することにより、社会的責任の実践に向けてより現実的かつ説得力のあるモデルを提示しようとする。キャロルのモデルでは、CSPの中間段階としてのこの概念は、「企業が社会的領域において応答するための行動パターンを示すもの」として、反応の程度に応じて四つの行動様式が単に類型的に併記されるに止まっていたが、その後の理論展開の中で、それはより具体的なプロセスとして示されるようになってきた。ドナ・J・ウッド（Donna J. Wood）が提唱する「社会的反応の三段階説（①環境アセスメント→②ステークホルダー・マネジメント→③イシュー・マネジメント)」[9](Wood 1991, p. 703)は、その代表的なものである。

第三に、CSP理論では、社会的責任を果たすための具体的政策を提示する傾向が顕著である。即ち、社会的反応の分析に照らして社会に貢献し得る経営政策を具体的に示すこと(例えばPR・広報活動の強化、製品やサービスの安全性に向けての保全体制、公害・環境対策、社会監査の徹底化など)で、企業の社会的応答能力の向上を図ろうとする姿勢は、CSP理論の真骨頂である。

そして第四に、CSP理論の方法論的スタンスは、総じて実践志向的であり、社会的圧力の背後にある価値の問題に立ち入るのを避け、そうした価値判断に囚われることなく、企業が社会的要求に対して迅速に応答する仕方や技術を学習することに重点を置く傾向にある。時に「実証主義的CSR」と呼ばれるゆえんである(Scherer and Palazzo 2007, p. 1113)。ここに、「経営と社会」研究の理論的関心がCSRの正当化から実践化へ、端的にいえば「Why から How へ」(Frederick 1986, p. 17)と移行したことが読み取れる。

こうして見ると、CSP理論は、「社会的反応」の概念を軸に社会的責任の対処法や政策を提言することによって、単なる観念論や抽象論に陥る傾向にあった従来のCSR理論を管理のレベルで実践的に捉え直そうとしたものである、と要約することができよう。その意味で、それは「経営と社会」研究における一つの転換点となったのである。

CSP理論の衰退と経営倫理への関心の高まり

だが、「価値自由」の立場から主として社会的問題に対する実践的対応を謳ってきたCSP理論の勢いは、一九九〇年代に差し掛かると急速に衰えていった。その背景には、当時の企業を取り巻く環境の急激な変化が考えられる。

その一つはグローバル化の進展である。一九八〇年代に入り、英米を始めとする先進国は、深刻な財政難・経済の沈滞化を打破すべく、ネオ・リベラリズムを標榜する「小さな政府」を唱え、規制緩和を大胆に敢行し、市場の自由化を積極的に推進する方向へと大きく舵を切った。こうした市場の自由化の流れは、「東西冷戦」の終焉を機に九〇年代にかけて世界的に拡大し、ヒト・モノ・カネ・情報がボーダレスに移動するグローバルな市場経済システムが形成されていった。当然、多くの企業は、この経済情勢の変化に適応すべく海外へと積極的に事業を展開し始めたが、それとともに経済的事象以外の種々の問題（例えば、進出先国での文化的・宗教的価値観の齟齬から生じる雇用上のトラブル、政治的色彩を帯びた労働争議など）にたびたび巻き込まれるようになった。

もう一つは地球環境問題の深刻化である。八〇年代後半以降、環境汚染が地球規模的に蔓延していることが明らかになり、環境問題は人類の生存に関わる最重要課題になってきた。それと同時に、生態系に対する社会意識も一段と高まってきた。例えば、環境保護団体の運動がより一層活発化したことはもとより、消費者の間にも環境に優しい購買行動（いわゆるグリーン・コンシューマー）が広がり、また投資家の間にもエコ・ファンドのような「社会的責任投資」[10]を選好する傾向が顕著になってきた。このようなエコロジカル化の動向を受け、企業は抜本的な自然観の見直しを迫られ、生態系に配慮した経営のあり方が勢い問われるようになってきた。

このように、一九八〇年代末から九〇年代にかけて企業の目前には、これまで以上に慎重な価値判断を要する問題が相次いで立ち現れてきたのである。これらの問題に対し「価値と事実」の二元論に立脚したCSP理論の方法的枠組みでは、もはや適切に対応するのが困難になってきた。こうして、CSP理論の後退が決定的になったのである。

さて、その後の世紀末にかけての企業を取り巻く経済状況を簡単に振り返ると、一九九〇年代に入り、IT化の進展と金融工学の発展を背景に、経済構造が産業主導型から金融主導型へと大きく変容し、グローバルな金融資本主義が世紀末の市場経済を席巻するようになった。いわゆる「ニューエコノミー」の到来である。それに伴い、企業の間では貪欲な拝金主義的風潮が強まり、自社株の不正操作や粉飾決算、中にはCSRの推進を装って利潤を不当に追求するような社会的美徳に欠けた企業活動（例えば、開発途上国支援の名目で進出先国の法制度の不備をついて公害輸出や不当労働に手を染める等）さえ散見されるようになってきた。こうした事態は、企業に対する社会の不信感を増幅させ、その結果、企業モラルの低下を厳しく指弾する声が一層高まってきた。

このように、価値判断を伴う経営課題の増加に加え、その道徳性も問われるという状況に置かれた企業に対し、CSP理論に代わる新たな理論的・方法的枠組みを提示することは、「経営と社会」研究にとって喫緊の課題になってきた。

そのような折、倫理学の分野では、一九八〇年代以降、現代社会が直面する重大な諸問題に対し倫理学が錬成してきた知見を用いて応答しようとする「応用倫理学（Applied Ethics）」が英語圏を中心に台頭してきた。そして、この応用倫理学者の中から企業が直面する社会的な諸問題に関心を寄せる者が数多く出現し、[11]「経営倫理学（Business Ethics）」という新たな学問分野が形成されるようになった。この動向は、衰退するＣＳＰ理論と入れ替わる形で、「経営と社会」研究の領域に直ちに受け入れられることになった。[12]こうして、斯学の研究者たちは、経営倫理学者や経営倫理に関心を寄せる哲学者との交流を深め、[13]倫理学的知見を積極的に織り込んだ、より学際的な理論展開をめざすようになっていった。ここに、「経営と社会」研究は、「ＣＳＲ理論の経営倫理学的転回」とでも名づけられうる新たなフェーズを迎えることになったのである。

四　企業の道徳的行動の行方──要約と展望──

以上、本章では、社会に対する企業の道徳的行動を象徴する概念としてＣＳＲを取り上げ、その今世紀までの理論的進展を経済的・社会的状況の変化と関連づけながら概観してきた。ここで、これまでの論点を簡単に整理すると、おおよそ以下のようになろう。(1)ＣＳＲ思想の萌芽は、ビッグ・ビジネスの生成と同時期に、一部の社会的動向に鋭敏な企業経営者によって施された慈善活動に息づいていた。(2)ＣＳＲが一般に注目されるようになったのは、物質的豊かさの影の部分（特に公害問題）が露呈してきた一九七〇年頃以降であり、それを機に経営学でもその研究（「経営と社会」研究）が本格化してきた。(3)CSR研究の創成期では、CSRを正当化する多数の論拠が示される一方で、それに対する批判や疑念も提起され、活発な議論が交わされた。(4)そうした論争の中から、CSRの新潮流としてCSP理論が台頭してきた。そこでは、「価値自由」の方法的立場から、企業が直面する社会的課題に対し既定の応答様式（social responsiveness）を介してCSRを実践していくための幾多の概念モデルが提示された。(5)だがCSP理論は、一九九〇年代に入りグローバル化の進展や地球環境問題の深刻化等、慎重な価値判断を要する課題に企業が直面するにつれ後退していった。それに代わり、経営倫理学の知見がCSR研究に積極的に取り入れられるようになった。この理論傾向は、新自由主義思想の普及に伴い社会全般にモラルが問い直される中、二一世紀にかけて一段と強まっていった。

このように、企業経営の道徳化の歴史には、こうした先覚者たちの知的興亡の足跡が刻まれているのである。最後に、若干の見通しを示して章を閉じることにしよう。

持続可能な社会の実現が志向される現下の情勢を鑑みたとき、今後、企業はより広範な公共的課題の解決に向けて、既存の利害関係者はもとより、他のさまざまな市民社会的アクター（環境・人権NGO等）と協議・協働する機会が増えてこよう。このような情勢を受けて、「経営と社会」研究でも、透明性と説明責任に規制された公的熟議（公共的課題をめぐる民主的意思形成過程）への積極的関与を通して、企業の社会的正当性を確保していく「CSRの政治学化」（Scherer and

Palazzo, 2007）の兆候が現れてきた[14]。こうして見ると、かつてチェスター・I・バーナード（Chester I. Barnard）[15]が示唆したように、相互依存関係の強化された現代の多元的社会の網の目に埋め込まれた企業には、「自律的な責任ある行動」がますます要求されてこよう（Barnard, 1958, 翻訳書、二三二―二六一頁）。その意味で、企業の道徳的行動をめぐる問題は、これからも探究していかねばならない古くて新しい経営学の重要課題なのである。

（岩田　浩）

注

（1）これは、一九世紀末から一九二〇年頃まで展開された全国的改革運動で、市政・州政レベルから始まり、二〇世紀に入って国政レベルまでに広まった。改革の対象は政治制度の問題から社会福祉、禁酒、教育、女性の権利、独占規制など多岐にわたり、その担い手も専門家や知識人層、都市中産層・労働者層、農民など多様であった。このため、革新主義の厳密な定義は困難だともいわれる（秋元・菅 二〇〇三、八頁）。

（2）社会福祉機関の間で見られた募金活動や奉仕活動の重複（非効率性）を是正するため、募金活動の組織化をめざした全国レベルでの運動。その運動は、一九一八年に創設された「全米社会福祉組織協会（the American Association for Community Organization）」を皮切りに大恐慌（一九二九年）にかけて全国的に拡大していった。多くの企業もこの運動に積極的に参加したことから、企業が市民性を初めて自覚し、コミュニティとの相互作用の基礎を築く契機になったといわれる（Heald 1970, pp. 117-147）。現在のユナイテッド・ウェイ・ワールドワイド（慈善団体の世界的連合）の先駆けであり、アメリカの「寄付文化」の礎であると見なされる。

（3）二〇世紀初頭のアメリカの経済成長期が所得と富が富裕層に集中した時代であったのに対して、この時期は繁栄を広く皆で共有した時代であった。ちなみに、最上位一%が手にする所得の全体比は、一九一三～一九二〇年代にかけて一五～二〇%超（この期間のピークは一九二八年の二三%）で推移したのに対し、一九六〇年代は九～一一%、一九七〇年代に至っては八～

九%であった(Reich 2011, p. 20)。

(4) 本書はCSRに関する最初の画期的な専門書である。全体は一七章で構成され、社会的責任と経済的目標との関係、CSRのプロテスタント的見解、CSRの根拠、CSRに対する批判的見解など、多岐にわたる包括的な考察がなされている。こうしたことから、ボーエンは「CSRの父」と称せられることもある。ちなみに、二〇一三年に本書の新装版が彼の子息ピーター・G・ボーエンの前書き付きで出版されている。

(5) ちなみに、キャロルは後の論文(Carroll 1991)で、CSRの概念を企業活動の基盤をなす経済的責任を基層に据え、その上に法的責任、倫理的責任、慈善的責任(以前の自由裁量的責任からの変更)が順次重なるピラミッドに見立てて捉えている。

(6) この四分類はキャロルがイアン・ウィルソン説に依拠したもので、彼はその他にテリー・マクダム説(徹底抗戦―必要最小限のことだけ行う―改良する―産業を率先する)とデイビス&ブロムストロム説(撤退―PRアプローチ―法的アプローチ―交渉―問題解決)を紹介している(Carroll 1979, p. 502)。このように、キャロルは、これまでの急進的なCSR肯定論者やセチのように、社会的反応をCSRに代わる概念だとか別様のものとして捉えるのではなく、それを社会的責任と社会的課題とを繋ぐ中間的概念と位置づけた。このような捉え方は、彼以降のCSP理論の趨勢となった。

(7) キャロルは、アンハイザー・ブッシュ社の「チェルシー」という子供向けの飲料水の製造・販売を事例に挙げ、自身の概念モデルの応用可能性に言及しているので、概説しておこう。同社が製造・販売したチェルシーには合法的な少量のアルコールが含まれていたので、消費者団体はそれを「子供ビール」と名づけ、そのような商品を販売した同社を社会的に無責任であると厳しく糾弾した。こうした抗議に対し、同社の最初の反応は「防衛的」(チェルシーは法的規制範囲内のアルコール量なので何の問題もないという姿勢)であった。だが、社会的批判は収まらず、結局、同社はそれを市場から撤収し、ノン・アルコールなものに製造し直すことにした。このケースをキャロルのモデルに即して見れば、同社はコンシューマリズムに関わる問題に対し当初は法的責任を根拠に防衛的対応を試みたが、抗しきれず、結局は倫理的責任に基づいて順応的な対応に切り替えたことがよりクリアに読み取ることができる。

(8) 代表的なものとして、組織の社会的環境への適応を「インプット(社会的責任)―スループット(社会的反応)―アウトプット(社会的応答)」からなるシステム・モデルとして捉えたストランドの所論(Strand 1983)、キャロルの所論を援用して社会的責任の「原理」、社会的反応の「過程」、社会的イシュー・マネジメントの「政策」からなるCSPモデルを提示したワーティック&コークランの所論(Wartick and Cochran 1985)、ワーティック等のモデルを手掛かりにCSPの再構成を試みたウッドの所論（Wood 1991）等が挙げられる。

（9）ウッドによると、第一段階は経営環境を詳細に探査し、できるだけ正確な環境情報を獲得することであり、第二段階では前段階のデータを参考に、ステークホルダーが識別され、その対応の仕方が考慮される。続く第三段階では、こうした社会的問題に対する企業の応答を管理すべく内的および外的な処理（倫理コードの策定や公的問題処理機能を担う組織の設置など）が考案され監視されることになる。

（10）社会的責任投資（ＳＲＩ：Socially Responsible Investment）とは、元来キリスト教信仰に基づいた投資から進化し、初期の環境問題や公民権闘争の影響を受けた後、南アフリカのアパルトヘイト問題が過熱する中、一九八〇年代半ば頃に欧米を中心に確立した投資スタイルである（Domini 2001）。

（11）その先駆者として、リチャード・Ｔ・ディジョージ（DeGeorge 1982）、マニュエル・Ｇ・ヴェラスケス（Velasquez 1982）を挙げることができる。

（12）ちなみに、「経営と社会」研究で定番のデイビスたちのテキストにおいて初めて経営倫理学の知見が採用されたのは、一九八四年の第五版以降である（Davis and Frederick 1984）。

（13）その一例として、ロージン・Ａ・ブックホルツ（ＣＳＲ論者）とサンドラ・Ｂ・ローゼンソール（哲学者）の共著を挙げることができる（Buchholz and Rosenthal 1998）。

（14）彼らはユルゲン・ハーバーマスの熟議民主主義論に依拠して論を展開している。その概要については拙著（岩田二〇一六、一七八―一八二頁）を参照されたい。

（15）彼の知見は、ＣＳＲを考察する際の理論的拠り所として、その研究の創成期より多数の研究者によって援用されてきた。例えば、わが国では、土屋守章が一九七〇年代にバーナードの有効性と能率の概念を用いて、職務責任と対応責任からなるＣＳＲの見解を示している（土屋 一九八〇、二〇三―二〇四頁）。飯野春樹は土屋が捨象したバーナードの道徳と責任の概念を重要視し、そこにＣＳＲや組織倫理の問題を解明する糸口を見出している（飯野 一九七八、第八章、第一〇章、一九九二、七七―八二頁）。また、庭本佳和はバーナード理論を手がかりにして地球環境問題をも視野に入れた包括的なＣＳＲ論を展開している（庭本 二〇〇六、終章）。

第三章　企業内労働社会の合理化と民主化

一　企業内労働社会への注目——民主的組織の実現に向けて——

人間関係論の研究者たちが非公式組織の重要性を指摘して以降、企業内労働社会とどのように向き合うかということは、経営学の重要な論点として、さまざまな議論がなされてきた。ホーソン工場における一連の実験によって、企業内で働く人々は、公式的な構造やルールに縛られるだけの孤立した存在ではなく、独自に同僚との企業内社会を築く存在として再定位され、その社会は集団や企業の生産性を左右するものとして捉えられるようになった。そうした企業内労働社会を放置するのではなく、企業の業績や生産性を向上させるために、企業内労働社会をいかにして合理化するのかということが、企業の喫緊の課題として立ち上がってきたのである。そのため、経営者や経営学の研究者たちは、従来の経営管理から脱却し、新しい企業の姿を模索することになった。

こうした流れ受けて誕生したのが、企業と労働者の統合を目指すアプローチであり、両者の統合を可能にする手法として注目を集めたのが、経営における労働者の意思決定への参加である。例えば、ダグラス・M・マクレガー（Douglas M. McGregor）は、マネジャーの管理の前提にある人間観をX理論とY理論に分類し、従来の経営管理は、労働者を受動的で無責任な存在として考えるX理論に基づいていると指摘した。彼は、そうした受け身的な存在として労働者を扱うのではなく、職務や経営に積極的に関与する存在として労働者と捉え直し、労働者の自主性や意見を積極的に取り入れるY理論に基づいた管理を提唱した（McGregor 1960）。また、クリス・アージリス（Chris Argyris）も労働者と組織の統合を促進する手法として参加的リーダーシップを提唱している。アージリスは、労働者が組織との不適合を起こすことを未然に防ぐために、労働者の声に耳を傾け、リーダーが労働者とともに民主的に意思決定を行うことの重要性を指摘している（Argyris 1957）。そのため、これらの新しいアプローチは、企業において労働者が経営における意思決定に積極的に携わることを目指すという点において、民主的な組織を新しい企業の姿として提唱しているといえるだろう。

また、こうした民主的な組織の探求は、経営学だけではなく、当時の社会からも要求されていた。第一に、労働問題に対する対処である。第二次世界大戦前後から一九六〇年代に至るまでに急速に浸透した大量生産大量消費の社会において、労働者は分業によって細分化された単純作業に従事させられることがほとんどだった。しかし、政府による戦争帰還兵への教育援助や科学技術教育の振興によって、企業で働く労働者たちの教育水準は以前と比べ大きく向上していた。そのため、労働者の仕事に対する欲求と企業の管理の方法の間にミスマッチが生じていたのである。高い水準の教育を受け、経営や職務に関して積極的に参加する欲求を持っていた労働者たちは、自分たちの欲求が企業においてまったく充足されないことに不満を強く抱くようになっていった。その結果、労働者の職場放棄や、労働環境の改善などに関連するストライキなど、さらには労働者の肉体的・精神的疲労といった労働問題が社会問題化していくこととなる。アージリスは、こうした問題について、成熟した成人の欲求の充足を企業が阻害していると指摘した（Argyris 1957）。人は未成熟な状態から成熟した状態へ変化していくにつれて、自己の表現や自律といった欲求を強くしていく。しかし、組織はそうした成熟した個人を、無個性な個人として組織へ隷従させるような経営管理を行う。アージリスは、この相反するジレンマに経営管理者は直面しており、このジレンマを解消する手法として、前述した参加的リーダーシップを考案したのである。そのため、民主的な組織の探求は労働問題の解決という実践的課題のためにも必要とされたのである。

第二に、行動科学の隆盛も新しい経営管理の探求に影響を与えている。さまざまな測定方法を武器に、人間行動を分析し、人間行動についての一般法則を導き出そうとする行動科学のアプローチは、民主的な組織を探求する際に、積極的に活用された。というのも、行動科学のアプローチは、客観的ないし経験主義的な科学的方法を採用し、科学的厳密性を追求する一方で、労働問題やモラールの維持、人種差別といった、社会問題に対応することも求められていたからである。無論、こうした特徴を持つがゆえに、行動科学は激しい論争を巻き起こした。科学としての中立性を装いながら、政府や財閥からの多額の援助を受けていたことは、実務と癒着していると指摘された（犬田 二〇〇一）。また、ローレン・バーリッツ（Loren Baritz）は、行動科学を標榜する研究者たちを、資金の提供先に都合の良い研究ばかりを行っていることから、「権力に仕える人びと」として、痛烈に批判している(Baritz 1960)。

しかし、経営学の研究者らは、企業が抱える問題を解決するために、積極的に行動科学のアプローチを摂取していった。その姿勢は、中立的な科学を標榜するというよりは、科学的手法を用いて、企業の問題解決に研究者が積極的に関与していくという、プラグマティックな思想に裏付けられていたといえる(福本・松嶋・古賀 二〇一四)。また、企業の業績や生産性の改善だけではなく、労働者が抱えた問題すらも科学的手法を用いて解決していこうとすることも、行動科学を摂取した経営学の特徴であった。そこでは、労働者の人間性を回復させ、企業と労働者がともに発展していくことが行動科学に基づいた経営学の目的として設定されていた(Herzberg 1966, p. x, 邦訳書、xii—xiii頁)。前述のマクレガーやアージリスらの主張は、こうした行動科学に基づいた経営学の流れから生まれてきたものである。そのため、行動科学を受容した経営学は、企業と労働者の統合を目指し、科学的手法を用いて、労働者の意思決定への参加を通じた民主的な組織の実現に取り組んでいった。

では、そこで探求された民主的な組織、とりわけ、労働者の経営における意思決定への参加を重視した経営とは具体的にはどのようなものであったのだろうか。本章では、人間関係論によってなされた指摘以降に提示された経営管理に関する研究を取り上げながら、その特徴を検討していく。具体的には、レンシス・リッカート(Rensis Likert)によって提示されたシステム4に基づいた管理と、エリック・トリスト(Eric Trist)とフレッド・エメリー(Fred Emery)によって提唱された社会技術システム論を取り上げる。両者ともに、経営における労働者の参加を重視しており、労働者が持つ欲求に応えることができる経営管理を考案しているといえる。また、両者ともに、科学的な手法を用いて、経営における意思決定への労働者の参加の効果を検証している。つまり、労働者の意思決定への参加が、企業にとって合理的であることを、科学的な調査・分析に基づいて主張しているのである。労働問題や行動科学の隆盛を社会背景を持ちながら生み出された経営学研究の新しい潮流が、どのような経営管理の姿を提示したのかということを検討するという点においても、こうした両者の特徴は検討に値すると考えられる。

しかし、興味深いことに、似た特徴を持つ両者がもたらした知見は、異なる帰結をもたらしている。結論を先取りすれば、リッカートの一連の研究は労働者の意思決定への参加を、公式的な管理を促進するために利用する要素として位置づけており、その論理構成は、民主的な意思決定を組織の業績との連関でのみ捉えるというものになっている。そのため、民主的な意思決定が組織の成果と関連しない場合、組織における民主的な意思決定は採用されないという帰結を招いているのである。他方、トリストらの社会技術システム論は、欧州における産業民主化運動の思想的基盤となり、人間主義的価値を標榜する組織開発へと繋がっていく。価値を帯びた実践としての組織開発において、民主的な意思決定は所与のものとして扱われ、人間主義的価値を体現する手法として位置づけられている。こうした両者の違いを検討するため、本章では、それぞれの研究において、労働者の経営における意思決定への参加がどのように合理化されていったのかについて検討していく。

二　システム4における労働者の意思決定への参加とその合理化の論理

科学的手法に基づいた合理化

一九四九年にミシガン大学の社会調査研究所（Institute for Social Research）[1]の所長に就任したリッカートは、二〇〇を超える企業や政府の機関に対する調査研究を行った。リッカート尺度を開発したことで知られている通り、彼は人が示す態度について研究していたが、彼のもう一つの研究関心は、管理者の振る舞いの違いが、集団の有効性にどのように影響するかという点にあった。そのため、彼は、二〇〇を超える調査対象に対してサーベイ調査を行い、集団の構成員の態度と管理者の振る舞い、さらにはそれらと集団の有効性の関係を検証したのである。その研究成果は、一九六一年に出版された*New Patterns of Management*、その内容をさらに洗練させて一九六七年に出版された*Human Organization*によって、発表されていくこととなる。

リッカートは従来の管理方法を独善的専制型、温情的専制型、相談型として定義し、それらの経営管理がもたらすデメリットとして、作業基準や人員制限、さらには予算の決定といった重要な事項がすべてトップに決定され、労働者たちに押し付けられていることを指摘した（Likert 1967）。そうした経営管理では、労働者たちとマネジャーは良好な関係を築けず、労働者たちは低い動機づけに留まり、結果として高い欠勤や低い生産性を生み出してしまう。そのため、こうしたデメリットを乗り越えるための新しい経営管理法として、リッカートはシステム4と呼称する経営管理の手法を提示した。

このシステム4の特徴としては、三つの事柄が挙げられる（Likert 1967, pp. 47–52, 137, 邦訳書、五三―五八頁、一七二頁）。まずは、支持的関係の原則である。作業集団においては他者からのサポートを受け、集団の中で信頼関係を築くことが重要視される。また、この信頼関係によって協働意識を高めることも狙いであった。次に、集団による意思決定、または管理方法の実施である。上層部のみならず、同僚や同じ職務集団に属する人間が、自らに関係する事項の決定に民主的に関与するという原則である。また、それぞれの集団のマネジャーは上層部からの連絡を自らの集団に伝える連結ピンの役割を果たし、様々な情報を集団の構成員たちと議論しながら、意思決定を行っていく。最後に、高い業績目標の設定である。低い業績は、怠業を引き起こすため、集団的意思決定によって、高い業績目標が設定されるべきだとされている。この三つの原則がシステム4の特徴であり、当時の組織が目指すべき形、つまり規範として設定されたのである（Likert 1967, pp. 186–187, 邦訳書、二三八頁）。

リッカートは、システム4の構成要素である集団の態度や関係性、さらには管理者の振る舞い等を概念化した後に、尺度化し、それらの尺度を用いて、調査対象の経営管理とその有効性を、統計分析を用いて明らかにした。具体的には、独立変数としては、支持的関係、集団による参加的意思決定、高い業績目標が設定された。また、媒介変数として集団への帰属意識や優れたコミュニケーションが置かれる。そして最後に、従属変数として生産性と欠勤率が設定された。理論的に示された以上のような概念間の関係を、リッカートは多数の調査によって検証し、システム４に基づいた管理の有効性を示したのである。また、こうした科学的手法は、規範であるシステム４で要求されている水準に達していない組織を変革するツール（サーベイ・フィードバック）としても使用されていくこととなる。質問紙調査の結果は、システム４と対象組織の差として、経営者やマネジャーにフィードバックされる。旧態依然とした経営管理を変更するためには、管理者や一般従業員の行動の変更を可能にするような情報を提供する必要があり、フィードバックによって管理者や一般従業員の行動を変容する狙いがあったのである。

グループ・ダイナミックスに基づいた集団の合理化

リッカートは、上述のような科学的手法に基づいた経営管理の合理化を達成するために、集団力学を利用するという方法を用いた。リッカートの一連の研究は、クルト・レヴィン（Kurt Lewin）を始祖とするグループ・ダイナミックス（group dynamics）をその基盤としている。グループ・ダイナミックスの研究は、個人や集団の変化がどのように起こるのかということを、研究対象としており、リッカートらの一連の研究もグループ・ダイナミックスの系譜に連なるものとして論じられている（野中 一九七三）。場における力学を提示したレヴィンの研究は光点の自動運転効果や線分の長さの比較を用いた研究によって受け継がれ、集団の斉一性として研究されてきた。そして、リッカートは、企業内の集団における斉一性を高めるために、集団の凝集性（group cohesiveness）に注目した。集団の凝集性とは、一体感に表されるような集団そのものが持つ魅力を意味している。高い集団凝集性は、集団維持機能、集団への同調圧力、集団への忠誠心を向上させる。そのため、リッカートは、集団の凝集性を高めるために、支持的関係の構築、労働者一人一人が集団の意思決定に参画する参加的意思決定の採用、そして高い目標設定を行うことをシステム4の基礎として設定したのである。そして、このような集団の管理を行うことを、システム4における管理者の公式的な役割として定位したのである。

グループ・ダイナミックスとの関連において、リッカートの研究を要約すると、以下の二点にまとめられる。第一に、小集団を組織のビルディング・ブロックとする点である。リッカートは管理の基礎単位を集団に設定しており、組織を小集団がいくつも積み重なったものとして捉えていた。第二に、高い集団凝集性を生み出すことをマネジャーの役割として設定する点である。つまり、マネジャーには、集団同士の情報のやり取りをする連結ピンとしての役割だけではなく、集団凝集性に基づいて集団のメンバーを統制する役割が同時に付与されるのである。即ち、リッカートのシステム4の本質は、凝集性の高い集団の運動が自然に生み出す斉一性に基づく統制、つまり、グループ・ダイナミックスに基づく管理手法を組織に取り入れたことだといえる。換言すれば、人間関係論で発見された、非公式組織を維持しようとする労働者の行動や態度を、公式的な管理システムによって、組織の成果向上に利用する取り組みであったといえよう。

民主的な組織を採用する論理構成

このように考えると、リッカートのシステム4による管理において、民主的な意思決定は、組織の有効性や生産性を改善するための一要素として位置づけられていることがわかる。システム4では、従属変数として位置づけられる組織的な成果に貢献する限りにおいて、民主的な意思決定が採用されている。また、その民主的な意思決定も、集団の凝集性を高めるためのツールとして利用されている。そのため、あくまでも、組織的な成果の向上に合理的である限りにおいて、民主的な意思決定が採用されるという論理構成になっているのである。

リッカートが提示したこのような論理構成は、科学的な分析手法の発展に伴い、さまざまな研究が検証の対象としてきた。例えば、心理学の研究では、集団による民主的な意思決定が必ずしも意思決定の質を改善しないことが明らかになってきている（Janis 1982; Leana 1985）。さらには、集団による意思決定とその意思決定の質の関係には、集団の特性や構成員の多様性、さらには意思決定の対象といったさまざまな要因が関係しており、容易に単純化できるものではないと指摘されている（Lu, Yuan and McLeod 2012）。また、経営学においても、コンティンジェンシー理論に基づいた研究群では、組織や集団が直面する環境の特性によっては、民主的ではなく、機械的にトップダウンで意思決定が行われる方が有効であるという研究も少なくない（Burns and Stalker 1961; Lawrence and Lorsch 1967）。無論、民主的に意思決定がなされる集団や組織の有効性を支持する研究も数多く存在するが、総合的に判断すれば、その有効性については共通の見解が成立しているとはいえないであろう[2]。

確かに、リッカートの提示したシステム4は、民主的な意思決定と組織的な成果との関係を議論の俎上に載せたという意味で、従来とは全く異なる経営管理の姿を提示したといえる。しかし、彼の論理構成は、民主的な意思決定が組織の有効性に合理的でない場合、民主的な意思決定を採用しないという決定を導いてしまうことになる。組織における科学的な研究の呼び水となったリッカートの研究は、その検証方法と論理構成ゆえに、当初の想定とは全く異なった帰結を導くことになったのである。

三　企業内労働社会の民主化を支える基盤としての社会技術システム論

発端としての炭鉱研究

社会・技術システム論の一連の研究は、イギリスのタヴィストック研究所が、イギリス政府から、民営化された炭鉱の生産性に関する調査を依頼されたことによって始まった。興味深いことに、この研究も外部環境の変化をきっかけに生まれている。具体的には、伝統的な採炭方法である短壁式手法を代替するかたちで、当時の最先端の技術である、ベルトコンベヤーを用いた長壁式の採炭手法が導入されたにもかかわらず、炭鉱現場では、集団の一体感の低下が生まれており、生産性に直接的に貢献しない活動や欠勤の増加が確認されていたのである（Trist et al. 1963）。こうした問題を解決するために、タヴィストック研究所から派遣されたトリストとエメリーは、現地で働いていた炭鉱夫であるケン・バムフォース（Ken Bamforth）とともに、炭鉱現場の調査を行った。

また、この調査の背景には、イギリス政府からの依頼という側面の他に、タヴィストック研究所が掲げる理念に基づいた調査研究という側面が存在していた。タヴィストック研究所が発行している雑誌 *Human Relations* の第一号の巻頭論文には、社会科学の存在意義を社会の問題解決に求めるべきと主張したレヴィンの論文が掲載されている（Lewin, 1947）。つまり、タヴィストック研究所には、社会科学の手法を用いて炭鉱の生産性問題を解決することが期待されていたのである。

では、タヴィストック研究所の研究者たちは、炭鉱の生産性問題に対して、どのように取り組んだのであろうか。まず、彼らは、オープン・システム論的組織観を採用した（Trist 1981, p. 25）。システム論の考え方において最も重要なのは、組織（上位システム）は、下位システムが相互に関連したものとして捉えられるという前提である。例えば、生産システムは、技術システムと社会システムという二つの下位システムから構成されると定義している。さらに、生産システムや社会システムそれ自体も下位システムである。サブシステムはそれぞれ上位のシステムである組織に適応して変化を遂げ、サブシステムの変化は上位システムの変化へと繋がる。オープン・システムとは、このように相互のシステムを環境として見なし、環境からのインプット、組織内部での変換機能、そして環境へのアウトプットを絶えず繰り返すことで、環境への適応を志向する自己組織的なシステムとして特徴づけられる。

トリストらの研究からこのことをより具体的に考えると、炭鉱の生産システムは、技術的な側面である技術システムと従業員の態度や行動を表す社会システムの二つの下位システムから構成される(Trist and Bamforth 1951; Emery and Trist 1960)。技術システムは、技術の発達によって変化し、決定される。設備と生産レイアウトから技術システムは構築され、従業員はそれを使用することで生産を行う。また、技術システムは、作業組織の決定に影響を与えるため、技術システムが変更されると、それを使用する従業員達の作業プロセス等も変更されることになる。他方で、社会システムは、一定の技術システムの下で作業組織とそれによって発生する社会的、心理的特性として定義される(Trist 1981, p. 25)。社会システムは、その作業組織に参加する個人と技術システムからの影響を受ける。両者は互いに環境として認識され、この両者の関係が生産システムの生産性を決定すると、トリストらは考えたのである。

詳細な観察の結果、トリストたちは、長壁式の採炭技術が導入された炭鉱現場において、作業集団内の相互作用の減少や集団内での職務の調整等が行われなくなっていたことが明らかにした(Trist et al. 1963, pp. 111–131)。この観察結果から、トリストたちは、新技術の導入が作業集団の一体感やモチベーションの低下という影響を作業集団にもたらしていると結論づけた。このことを踏まえて彼らが具体的に提案したのが、集団内で作業の割当を自律的に決定し、集団の生産性に集団の全員が責任を持つという自律的作業集団の導入である。自律的作業集団とは、自律的に作業現場における変動性に対して対応することができる権限を持ったグループである。このグループは、作業の割当だけではなく、作業の方法や目標設定についても大きな影響力を有しており、技術システムがもたらす変動性に対して、従業員自らがさまざまな事柄に対して、意思決定（選択）できる余地があることを意味している。トリストらは、この自律的作業集団の存在こそが、技術システムによる変動性（長壁式の炭鉱技術による影響）に効果的に対応できる社会システムを作り上げると指摘し、生産性を最も高める両システムの同時最適化（joint optimization）に必要不可欠であると述べている（Trist 1981）。つまり、労働者らに、作業方法等に関する選択の権利を認め、作業集団の自律性を高めることを通じて、生産性を高めようとする狙いが、社会技術システム論には存在していたのである。

産業民主化運動との合流

トリストらの研究以降、社会技術システム論は、主にヨーロッパにおいて、産業民主化運動の中心的思想として波及していくこととなる。産業民主化運動とは、古くはイギリスのウェッブ夫妻（Sidney James Webb and Beatrice Potter Webb）によって提唱され、労働者が自分たちの権利を団体交渉によって推進・獲得していく運動のことを示していた。その後、この言葉はアメリカを始めとする欧米全土に広がっていくこととなるが、とりわけヨーロッパにおいては、ジョージ・D・H・コール（George D. H. Cole）が提唱した参加型産業民主主義論によって、労働の人間化（Humanization of Work）として浸透していくこととなる。第二次世界大戦直後、企業は戦争による打撃から一刻も早く立ち直るべく、経済的繁栄を最も効率よく追求する方法を探求してきた。この探求は、テイラリズムやフォーディズムといった生産手法の洗練化という形で結実し、企業に多大なる富をもたらしてきた。しかし、企業が経済的反映を享受する一方で、労働の細分化と単純化が引き起こされ、労働者の人間疎外が社会問題として取り上げられるようになっていた。そのため、経営者によってのみ支配される企業の状態を改善し、究極的には、労働者自身による企業の統治を目指す運動として、産業民主化運動は発展していくこととなる（石井 一九八二）。その具体的な方策として、職場における意思決定権の確保や最大限の参加の機会の獲得が重要視されたのである。労働者が働く労働環境や職務それ自体を、より人間的に、より働きがいがあるものへと変更させるために、民主的な組織が必要とされたのである。

無論、社会技術システム論も、リッカートのシステム4に基づいた管理と同様に、組織の生産性改善を前提とした理論である。しかし、リッカートは、集団の凝集性を公式組織による管理に利用することをその管理手法の中心に据えた一方で、社会技術システム論は、労働者に意思決定権を与える自律的作業集団を中心概念として据えた。リッカートは、行動科学の手法を用いて、「科学的な管理」による効率的かつ安定的な生産性の向上を目指していたが、社会技術システム論は、むしろ、労働者による意思決定や作業現場での相互作用や学習を通じた多様な振る舞いを許容し得る管理手法として位置づけられる（風間 一九八一）。そのため、社会技術システム論は、作業そのものを労働者自らが選択し決定するような自己規制的な民主的な組織観を提示しており、この組織観は、生産性を追求するために設計される非人間的な組織に対する代替案として、ヨーロッパで広がっていく産業民主化運動に受け入れられていくこととなった（石井 一九八二）。

例えば、ノルウェーでは、一九六二年から、使用者と労働者の合同機関が、職場における労働者の参加や労働の人間化を目指して、タヴィストック研究所の研究者たちと協力して調査・研究を行った。具体的には、四つの会社を対象とし、それぞれの一つの職場において、職場における労働者の意思決定への参加を促進するための作業組織を再編する取り組みが行われた。この実験は成功し、当該職場における効率性の向上と同時に労働者の自律性の向上も確認された。また、この研究成果は、一九六九年にスウェーデンにおいて大きく取り上げられ、経営者や労働者によって構成されるさまざまな機関が、産業民主化に関する調査・研究を行った。例えば、ボルボ・カルマル工場では、機械の動作に労働者が隷従するような作業方法を改善し、細かい作業集団ごとの課業設定、組み立てラインのベルトコンベヤーを廃止するなどの大掛かりな作業集団の再編成が行われた。この取り組みは、ノルウェーの事例と同様に大きな成果をあげ、この研究を主導したスウェーデン経営者連盟が指導した国内における作業組織の変更は、数千件にのぼると考えられている（赤岡 一九八七）。

民主化の帰結とその発展的継承

しかし、上述した事例以外にも、欧州における産業民主化運動は多様化し、数多くの実践が行われたが、こうした取り組みは、長くは続かなかった。社会技術システム論を基盤とした産業民主化運動が頓挫した理由としては、経営者側と労働者側の認識の違いが挙げられている。経営者側は、産業民主化による効果を、欠勤率や怠業、ストライクなどの原因となる労働プロセスにおける不満の除去と効率性の改善に寄与するものとして捉えていた（赤岡 一九八七）。他方、労働者側は、産業民主化は、作業だけではなく、より広く企業経営全体、さらには産業全体にも広がるべきであると考えていた（浅野 二〇〇三）。この認識の違いは、経営者主導による産業民主化に対する労働者の強い反発を生み出した。その後、スウェーデンやノルウェーでは、労使の協力による労働現場の改善ではなく、労働組合の強い働きかけにより、法制度の整備が進んでいった。ノルウェーでは、一九七三年に、労働者の代表を取締役会に派遣することができる労働代表取締役制が発行された。また、スウェーデンでは、職場の整備や変更を行う際には労働組合に必ず事前に説明することを義務づける共同決定法が一九七六年に制定されたほか、使用者が労働環境の改善を通して、労働者の物理的・肉体的な危険の除去だけではなくメンタルヘルスも改善することに努めることを義務づける労働環境法が一九七七年に制定された。そのため、結果としては、社会技術システム論を思想的基盤とする産業民主化運動は、法制度の整備という形に移行し、民主的な意思決定を行う経営管理を探求する動きは沈静化したと考えられている。

しかし、社会技術システム論の思想は組織開発（organizational development）に受け継がれ、産業民主化運動とは別の形で、民主的な組織の達成を目指す方向に繋がっている。組織開発の定義は論者によってさまざまであるが、「計画的で、組織全体を対象にした、トップによる組織有効性と健全さ向上のための管理された努力であり、行動科学の知識を用いて組織プロセスに計画的に介入することを通じて実現される」経営実践とされている（Beckhard 1969, p. 9）。この定義からわかる組織開発の特徴として、組織開発が介入を前提とし、問題解決を主たる目的としている点がいえる。その点で組織開発は、企業の抱える問題解決を標榜した社会技術システム論と同様の特徴を有しているといえよう。また、組織開発の特徴としては、人間主義的価値の重視という点に特徴がある（中村二〇一四）。労働者の人間性を確保した上で、労働者と企業が分割されずに、共に成長し発展していくことが、組織開発においては最も重要な事柄として設定されているのである（McGill 1974）。

また、組織開発は、オープン・システム論的組織観や介入の手法といったさまざまな要素を、社会技術システム論から受け継いでいるが[3]、民主的な意思決定もその一つである。組織開発の手法である対話的組織開発では、上層部や外部者からのトップダウンによる問題解決ではなく、組織を構成するすべてのメンバーが議論し、問題解決の方向性を決定する手法が採用されている。組織開発は人間主義的価値を何よりも重視するがゆえに、民主主義に則った意思決定の方法を採用する（Margulies and Raia 1988, pp. 7–8）。社会技術システム論で指摘された労働者の自主性や意思決定の余地を確保するために、組織開発は、労働者一人一人のアイデアやグループによるディスカッションを通して、ボトムアップによる問題解決を志向するのである。

無論、このような介入は人間主義的価値を帯びた介入になるため、企業において重視される組織的成果とコンフリクトを生み出すと批判されてきたことも事実である（Fagenson and Burke 1990）。ボトムアップによる問題解決には、多大な費用と時間を必要とする。そのため、組織開発による介入は企業の業績を落としかねないという懸念が常に抱かれてきた。しかし、組織開発は、その介入の対象が、経営層や戦略策定チームといった、企業業績と密接に結びついているものであっても、人間主義的価値に基づいた介入を行っている（Cummings and Worley 2009）。このことは、組織開発の研究者や実践家たちが、組織開発の人間主義的価値を何よりも重視し、その根本的思想として位置づけている証左といえよう。そのため、問題解決のための合理的手法として、人間主義的価値を利用するのではなく、人間主義的価値を所与とした経営管理や組織の有り様を探求することが、組織開発の本質といえるのである。

社会技術システム論は、特定の技術システム下における労働者たちの意思決定の余地を認め、自律的作業集団の重要性を指摘した。この発想は、ヨーロッパにおける産業民主化運動を経て、今日の組織開発に受け継がれている。労働者の意思決定への参加を、組織の有効性や成果との関係で捉えるのではなく、それを所与とした上で、どのような経営の姿があり得るのかを探求することが、社会技術システム論が経営学にもたらした帰結といえるだろう。

四　企業内労働社会の民主化を探求する現代的意義

最後に、民主的な組織を探求することが持つ現代的な意義について触れておきたい。ここまで、人間関係の研究の後に誕生した民主的な組織を探求する研究として、システム４と社会技術システム論について検討してきた。今日の経営学においても、民主的な組織に関する研究は多種多様に行われてきている。さらにいえば、企業の多国籍化、リモートワークの浸透など、意思決定のプロセスがますます複雑化している昨今の状況を鑑みれば、意思決定の方法に関する注目は、実務界からもますます増してきているといって良いだろう。

しかし、本章で検討してきた通り、民主的な意思決定を所与とするかどうかによって、企業内労働社会の民主化をめぐる研究の方向性は大きく変化すると考えられる。第一に、リッカートが示した論理構成のように、民主的な意思決定を所与としない場合、企業内労働社会の民主化は、企業の成果との関係を絶えず検証されることになる。この論理の下では、企業の成果や有効性に貢献する限りにおいて、民主的な意思決定制度は導入される。そのため、企業の成果や有効性に、民主的な意思決定の制度が貢献しないという発見事実が積み重なっていけば、自ずとその制度は企業から撤廃されることとなる。そうなれば、すべてがトップダウン方式で決められ、労働者の参加する余地がない経営管理の方法が、企業に浸透していくこととなるだろう。事実、民主的な意思決定と集団や組織の成果との関係が複雑なものであることが判明してくると、経営者やマネジャーは、民主的な意思決定制度の導入に及び腰になる可能性が指摘されている（Harrison and Freeman 2004）。そのため、このような研究は、他の要因との関連の下で、民主的な組織の有効性を検証していく方向性を取るだろう。

第二に、民主的な意思決定を所与のものとして扱う場合は、それを価値を帯びた実践として捉えることが必要である。社会技術システム論、そして欧州における産業民主化運動が示した帰結は、民主的な意思決定の導入とその実践が大きな困難を有するものであることを示している。しかし、組織開発に受け継がれたそれらの思想は、今なお、社会的に信奉されうる価値として、現在の社会に根付いているといってよいだろう。労働者の人間性を確保し、民主的な組織を理想と定位するこの思想の重要性は、今日の社会においても変化していないと考えられる。さらにいえば、こうした価値を帯びた実践は、今日の企業経営者が陥りがちな専制的な統治や業績至上主義といった経営管理に対するカウンターとして位置づけることが可能である。そうした非民主的な組織の問題点を炙り出すためにも、民主的な組織、そして民主的な意思決定の導入に関する研究を、労働者のやりがいや労働の人間化の観点から研究する必要がある。さまざまな価値に根ざした経営を研究するためにも、民主的な意思決定を所与のものとして扱う研究は、今後も重要な意義を持つであろう。

本章は、企業内労働社会の合理化と民主化というテーマの下で、労働者の経営における意思決定への参加を重視した研究を検討してきた。民主的な組織が数多あるどの組織観よりも最善であるかどうかということを、本章は主張したいわけではない。研究者や経営者が民主的な意思決定を経営管理にどのように位置づけるかによって、その帰結は多様に変化するからである。民主的な意思決定を所与とするのか、それとも何らかの目的（例えば組織の成果）との連関の上でのみ扱うのか。こうした判断を研究者や経営者が自覚的に行い、それを社会に問うていくことが、今後ますます重要になるであろう。振り返ってみれば、民主的な組織に注目が集まったのは、経営学だけではなく、社会的な事情（行動科学の隆盛や労働者の教育水準の向上）があったからである。国際化の進展に伴い多様性が増加する今日の社会において、労働者が積極的に経営に参加できる経営管理をどのように位置づけるのかについて、今後さらなる研究がなされることを期待したい。

(貴島 耕平)

注

(1) 前身はリッカートが自身の研究チームと一九四六年に立ち上げたSurvey Research Centerである。
(2) 民主的な組織に関する研究の知見については、フランク・ヘラー (Frank Heller) が学際的な立場からまとめているが、その内実は相互に矛盾する研究成果が乱立しており、混乱を極めている (Heller 2000)。
(3) 社会技術システム論の生みの親であるトリストやエメリーらが、組織開発の一つに数えられる、フューチャー・サーチの雛形となった、サーチ・カンファレンスと呼ばれる手法を発明している (Weisbord 1987)。

第二部　社会の中の企業――利害認識の拡大――

第四章　株式所有の利害と経営者資本主義の生成

一　巨大株式会社の台頭とその行動原理をめぐって
――アメリカ社会の思想に見る二つの潮流――

二〇世紀以降の現代社会を、「組織の時代」あるいは「マネジメントの世紀」と呼ぶことがある。その契機は、一九世紀末から二〇世紀初頭の世紀転換期に起こった巨大株式会社の台頭である。アメリカではこの時期、株式会社による企業のM＆A（合併・買収）を通じて、大企業が次々と誕生していた。いわゆるビッグ・ビジネスの時代の到来である。

こうした少数の巨大株式会社に経済力が集中し、新たな権力（経済権力）としてその存在感を高めつつあった大企業体制は、それまで自明とされていた古典的な「通念」[1]と異なる事態をもたらした。

そうした通念とは、私有財産に基づいた自由な個人による自由な競争を通じて発展しつつある資本主義社会、あるいは企業は完全競争状態にある市場で利潤極大化を目指すというものである。しかし出現しつつあった現実は、所有者ではない専門経営者が巨大株式会社を支配し、そうした少数の巨大株式会社の計画的な事業活動を通じて市場に積極的に働きかける寡占市場が出現するという「新たな社会」が到来してきたことを意味する。当時、こうした巨大株式会社によって自由の国アメリカで個々人の自由な経済活動が脅かされるのではないかという社会的危惧が高まっていた。(2) こうした巨大株式会社はどのような行動原理で作動しているのかが、大きな問題となってきた。

本章の課題は、巨大株式会社の行動原理がどのように捉えられてきたのかを検討することにある。その過程で、巨大株式会社の行動原理をめぐる既存の通念と新たな理解の相克が見出されるだろう。それを伊藤は、アメリカ社会の思想にはアメリカ的哲学とその対抗としてのアメリカ的イデオロギーがあり、それがアメリカ経済学における制度学派と輸入経済学という二つの流れとして顕在化してくると指摘する。アメリカ的哲学即ちプラグマティズムは、「アメリカ社会の現実を実証的にとらえ、そこから有意な政策を導き出す」(伊藤 二〇一六、一二三頁)という方法に立脚している。(3) それに対しアメリカ的イデオロギーは、「アメリカは自由競争の社会であり、自由競争は、もっとも良い経済状態をつくりだすという輸入経済学への信奉であり、それを真理として疑わない信条である」(伊藤 二〇一六、一七―一八頁)。こうした対立する思潮が、巨大株式会社の行動原理をどのように捉えるかに関しても顕在化してくることを、以下、確認することになるだろう。

巨大株式会社の行動原理の意味を問う際の決定的に重要な転換点は、アドルフ・A・バーリ（Adolf A. Berle）＝ガーディナー・C・ミーンズ（Gardiner C. Means）の『近代株式会社と私有財産』である。同書は、こうした課題に関わる通念の変更を迫るものであった。バーリ＝ミーンズに関して、正木・角野（一九八九）や三戸編著（二〇一三）といった優れた必読文献がある。本章は、こうした文献に多くを負っている。

二　バーリ＝ミーンズ『近代株式会社と私有財産』の概観

バーリとミーンズの観点の違い

同書は、一九二九年末時点でのアメリカにおける資産額最大二〇〇社（金融会社を除く）の株式所有状況に関する実証的な調査に基づく。こうした一部の大会社に経済力の大部分が集中している事実を踏まえ、大会社の支配構造の解明を試みる。そのことが、企業や社会に関わる通念の再考を促すことになった。

一九二七年に同書執筆につながる研究プロジェクトが開始された[4]。同書は、バーリとミーンズ二人の著作であるが、長らく多くの研究者は「経営者支配論」をバーリの議論と見なし、ミーンズを「協力者」と理解し取り扱ってきた。しかし「『経営者支配』を『株式会社革命』の結果であるという主著の議論はミーンズに依るものであった」（三戸編著 二〇一三、xi頁）。

バーリとミーンズの間には観点の違いがあった。「すでに伝統的な考え方であった株主主権論の立場」（三戸編著 二〇一三、五六頁）[5] であったバーリは、この研究プロジェクトで、近代株式会社制度により財産権に変化がもたらされたことを明らかにしようとしていた。この研究プロジェクトでは、株主と経営者の関係以外の利害関係者は基本的に対象外であった。バーリの関心は、巨大株式会社で生じている所有と経営の分離が、法学的・経済学的にどのような意味を持つかを検討することであった。そこにミーンズが、会社の支配という観点をもたらす[6]。ミーンズは、巨大株式会社で起きていることを検討する際、所有（ownership）・経営（management）・支配（control）という三つの概念を用いて分析する有益さを、バーリに説得した（三戸編著 二〇一三、六三頁）。「所有」については、「株式会社の株主を、その会社の所有者として取扱」（Berle and Means 1932, 1991, p. 113, 翻訳書、一四八頁）い、「企業に対して利害関係をもつ機能」（Berle and Means 1932, 1991, p. 112, 翻訳書、一四七頁）と捉えた。「経営」を「企業に就いての権能 power をもつ機能」（Berle and Means 1932, 1991, p. 112, 翻訳書、一四七頁）と捉え、経営者を、法律上、会社の事業や資産に関する支配を行使する諸義務を正式に引き受けた人々の一団と定義する。（Berle and Means 1932, 1991, p. 196, 翻訳書、二七八頁）。「支配」は「企業に関して行為する機能」（Berle and Means 1932, 1991, p. 112, 翻訳書、一四七頁）である。具体的に支配は、経営者（取締役会）を自らの意思のもとに置くことができるか否かで判断される。こうした観点をもって、近代株式会社制度が検討された。

近代株式会社制度における「財産の変革」——株式会社革命——

同書は「近代」株式会社と表記する。そこには、「古典的」株式会社制度とは異なる、という含意がある。バーリ＝ミーンズが「近代株式会社」という時、多数の、小規模でかつ所有者が自ら経営者でもあるような会社が完全競争している一九世紀の私的（Private）資本主義という通念に代わる新たな理解（集産主義的資本主義 collective capitalism）を提起する（Berle and Means 1932, 1991, 翻訳書、「日本語版への序文」一頁）。古典的株式会社は、所有者の致富手段と見なされていた。

産業革命以降、企業は大量の資本集中を必要とするようになる。それを可能にしたものが株式会社制度である。こうした「株式会社という手段によって、無数の個人の富が集中されて巨富となり、また、この手段によって、この富に対する支配が統一された指揮のもとにおかれる」ようになる（Berle and Means 1932, 1991, p. 4, 翻訳書、二頁）。株式会社は法律上、出資者である株主とは異なる法律的主体であって、会社財産は会社それ自体の所有となる。株式会社制度においては、株主は株式譲渡の自由を確保するが、それは会社財産の移動を伴わない。「かかる集中を助長する力は、産業界の統治者を生み出したが、社会での彼等の地位は、今もなおはっきりしていない」（Berle and Means 1932, 1991, p. 4, 翻訳書、二頁）。株式会社制度には、株主に替わって、集中された会社財産を指揮する新たな統治者が、即ち経営者が台頭する素地があった。株式会社においては、法律上、「経営者」は会社に対する受託者であって、株主に対する受託者ではない。会社財産は会社それ自体が所有するのであって、株主は有限責任を有するのみである。法律上、そして実際上、経営者は「企業に就いての権能をもつ機能」を有する。

近代株式会社制度が資本集中の手段となり得たのは、富の性格に本質的な変化が生じるからである。所有権 ownership の地位が「積極的動因 active agent の地位」から「消極的動因 passive agent の地位」へと変化していった。所有権（私有財産）とは財産の所有者がその財産を自ら機能させ収益を上げ、また処分できるというのが、伝統的な「財産の論理」である。所有権は財産の支配と結合すると想定されていた。ところが近代株式会社においては、所有者は会社に関わる一連の諸権利と諸期待を象徴する株式を所有するようになる。それは「財産」が、名目上の所有権（利得所有権）と権力（ないし支配）に分解されることを意味する（Berle and Means 1932, 1991, pp. 7–8, 翻訳書、七—九頁）[7]。私有財産は、「消極的財産 passive property」と「積極的財産 active property」に分離されていく（Berle and Means 1932, 1991, p. 304, 翻訳書、四三九頁）。消極的財産とは特に株式および社債のことであり、積極的財産とは設備機械、のれん、組織などの、現実の企業をつくり上げているものである。こうした分離を、「所有権からの支配の分離」、即ち「財産の変革」と呼ぶ。巨大株式会社で進展する「株式の分散」とは、一面では利得所有権を象徴する消極的財産が広範な株主の間に分散していくが、他面では積極的財産の支配は経営者に集中化していく、という事態である。

ではなぜ、「財産の変革」が可能となったのか。それは、近代株式会社制度の成立に由来する。近代株式会社制度は、「資本の拠出を集中化した支配の手中に引渡すような組立てになった」（Berle and Means 1932, 1991, p. 119, 翻訳書、一五五頁）。ただし「そのプロセスは、支配者による財産の占有や機会主義的な行動などによる結果ではなく、法令や判決などの、ほとんど一世紀にわたる積み重ねの『意図せざる結果』としてなされたものである」（三戸編著 二〇一三、二二頁）。「財産の変革」は、①委任状制度の導入、②自由に取締役を更迭する権利を持つという原則の消滅、③満場一致の合意から多数決へ、④議決権信託の導入、⑤まったく議決権を持たない種類の株式を発行することの許可、という法制度の変革等を通じて確立されてくる。(8) 私有財産の所有者が「所有権からの支配の分離」という事態を許容したのは、証券市場の発達によって可能となった流動性の確保にあった。「所有者は支配権と流動性とを交換したのである」（Berle and Means 1932, 1991, p. 251, 翻訳書、三六五頁）。こうして「株式会社制度では、産業用富の所有者は、所有権の単なる象徴を手にするにすぎず、一方、その力、つまり過去には所有権の不可欠な部分であった責任や実体は、その手に支配力を握った人々からなる別の集団に移行される」（Berle and Means 1932, 1991, p. 65, 翻訳書、八五—八六頁）。株式会社にあっては、法律上、「経営者」は会社に対する受託者であり、実際上、会社財産に対する支配は株主の手を離れるようになる。

そしてまたこのことが、経営者とは異なる「支配者」を生み出す素地ともなる。ここで支配者とは、議決権の過半数やその他の実際的権限を用いて、取締役会（または過半数の取締役）を選出することができる個人または集団を指す。支配の類型としては、①ほとんど完全な所有権による支配、②過半数持株支配、③過半数所有権なしの法律的手段方法による支配、④少数持株支配、⑤経営者支配、の五つがある。①～③までを「法律的権限による支配」、④および⑤を「実際的権限による支思のもとに置くことができる「企業に関して行為する機能」を有する人々のことである。

配」と区分する。支配者とは、「法律的権限」あるいは「実際的権限」を用いて、経営者を自らの意

近代株式会社の仕組みと経営者支配論――「第三の道」の模索――

では、集中された経済力の支配者は誰なのか。巨大株式会社においては、資本の集中化と同時に、企業経営が複雑化し、企業経営には科学的、専門的知識と能力が要請されるようになる。そのため経営者候補は、株主の中にではなく、専門的な教育を受け、実際の企業活動の中で実績を上げてきた人々の中に見出される。大会社になるほど、経営についての専門的知識や能力を有するいわゆる専門経営者が大株主に代わって経営を担う傾向が強くなる。これが、「所有と経営の分離」である。

問題は、専門経営者を自らの意思のもとに置くことができる究極の支配者は誰なのか、である。支配の類型は前述の通りであるが、④少数持株支配および⑤経営者支配は「実際的権限による支配」に分類される。それは、発行済み株式の過半数を確保していないために、支配の如何を委任状の確保に依存している。株式の分散が進み、持株比率の低下に従って大株主の支配力も低下していく。それに伴って専門経営者が、株主総会において株主の委任状を集約することで経営者を選任する権限と、取締役会の基本的事項に関する広範な意思決定を、掌握するようになる。こうした段階を経営者支配といい、「所有と支配の分離」と呼ぶ。バーリ＝ミーンズは、こうした「株式所有者の地位弱体化の原因が、その経営に関しての無能力と、そして同時に、その職務を奪取せんとする『支配者』の明白

な意志とのうちに存する、とみることは殆んど全く妥当であろう」(Berle and Means 1932, 1991, p. 131, 翻訳書、一六九頁)と指摘する。

巨大株式会社の経営者支配は、新たな株式会社の理解を要請する。まず、近代株式会社における株主は所有権から支配を分離され有限責任を負うに過ぎず、積極的財産の支配と責任は株主の手を離れ支配者に帰属する仕組みとなった。また消極的および積極的財産に二分された財産のうち、有形の積極的財産の支配は株主ではなく支配者に帰属することになった。したがって積極的財産から生じる利潤は、株主ならざる支配者に帰属することになる。

企業の価値は、その大部分が積極的財産、労働者、消費者などからなり、それらに跨って支配者がいる。積極的財産に由来する積極的富は、「その証券所有者、労働者、消費者に有機体としての生命を依存するものであり、特にその主要動起たる『支配者』に依存する大規模な機能組織である」(Berle and Means 1932, 1991, p. 306, 翻訳書、四四一頁)。組織は機能し続ける限り価値を有する。近代株式会社は、単なる実業組織としての所有者の私的致富手段ではなく、「経済的利害関係の、広汎な、多様性のある、相互交錯を含む」(Berle and Means 1932, 1991, p. 310, 翻訳書、四四五頁)社会的組織としての準公的会社となる。経営者支配となった巨大株式会社には、株主の利害ばかりではなく、多様な利害関係者の利害が渦巻いており、それらの上にまたがり会社の支配に携わる集団には、それらにどう応答するかという問題が生じてくる。近代株式会社における経営者支配という事態は、その権力の正当性の問題を惹起する。

この問題に対してバーリ＝ミーンズは、「三つの道」を示す。第一の道は、かつての財産の伝統的論理に基づいて、新たな支配者・専門経営者を株主の受託者として位置づける道である。「財産の変革」という事態を無視して、「会社の支配にたずさわる集団は、会社の運営を専ら証券所有者の利益のためになすべき受託者たる地位に置かれる」(Berle and Means 1932, 1991, p. 311, 翻訳書、四四七頁)。

第二の道は反対に、新たな支配者に絶対的な権限を与え、その諸権限の行使について制限を受けることなく、自らの利益のために会社を運営できるというものである。この二つの道を比較した場合、第一の道の方がまだ害悪が少ないという。

しかしながらバーリ＝ミーンズは、第三の道を示す。近代株式会社は、特定の個人や集団のために運営されるべきという根拠を持たなくなった。「支配集団は、むしろ、所有者、または、支配者のいずれよりもはるかに広い集団の権利に対して道を開いたものである。彼らは、近代的株式会社は所有者だけでもなく、また支配者だけでもなく、全社会に対して役務を呈供すべきものであると要求する地位に、この社会を置いたのである」(Berle and Means 1932, 1991, p. 312, 翻訳書、四四九頁)。「第三の道」とは、準公的会社となった巨大株式会社は多様な利害関係者の要求をバランスさせるような「純粋に中立的なテクノクラシー a purely neutral technocracy」(Berle and Means 1932, 1991, p. 312, 翻訳書、四五〇頁)に発達すべきであるという主張である。(9)

三　「経営者資本主義」の生成過程と「経営者の役割」

アメリカでは、一九二〇年代末前後の大不況を乗り越えて以降、巨大株式会社の台頭を受けて、所有と経営・支配の分離の意味や経営者の役割をめぐって、その解明が試みられるようになる。そこには、伝統的企業モデルや私的資本主義のような通念で捉えるか（アメリカ的イデオロギー）、それとも現実を直視し新たに捉え直すか（アメリカ的哲学）、の相克が見出される。以下では、通念に囚われず、現実を新たに捉え直そうとする系譜を、若干取り上げる。

「協働一般の学」における経営者の役割――チェスター・I・バーナード――

一九三八年に、チェスター・I・バーナード（Chester I. Barnard）の『経営者の役割』が出版される。これは、経営者支配への考察ではなく、バーリ＝ミーンズ以降問題化してくる専門経営者のモニタリングという視点もない。むしろバーナードは、「経営する」という行為主体の立場から、企業経営に限定されない自身の経営者としての経験を「協働一般の学」として理論化する。企業を含む協働システムの中核を成す（公式）組織の成立・存続・発展を目指すことが経営者の役割である。

協働システムは、物的・生物的、社会的および人的諸力・諸要因と、それらを統合する組織要因の複合体である。それは、対立する事実や、人間の対立する思考や感情の具体的統合物である。したがって経営者の役割は、具体的行動において矛盾する諸力の統合を促進し、対立する諸力、本能、利害、条件、立場、理想を調整することである（Barnard 1938, 1968, p. 21, 翻訳書、二二頁）。このことをより具体的に展開しているのが四重経済論である。[10] 中核を成す組織の生命力の維持は、それに足るだけの有効な誘因（効用）を提供する能力に依存する。バーナードは「効用の交換という流れ」を「経済[11]」と呼び、協働システムに物的、社会的、個人的経済および組織経済の四重経済を見出す。組織とその周辺の諸経済との間では、常に効用の交換が行われている。

組織の持続には、諸力を適切に組み合わせ効用を生産する必要があり、その「調整の質」が決定的要因となる。しかし、組織と諸経済（諸力）間での効用の交換の収支については、異質的な諸力の「効用をはかる共通の尺度はありえないから」（Barnard 1938, 1968, pp. 256-257, 翻訳書、二六八頁）、全般的な管理過程は審美的、道徳的となり、その遂行には適合性の感覚、適切性の感覚および責任の能力が必要となる。「調整の質」は、感覚（センス）および責任能力に規定される。

責任（responsibility）は、応答する能力を意味する。「応答する」とは、何ものかからの呼びかけ・要請を想定する。責任問題は、呼びかけに気づき、どのように応答するかというセンスの問題と密接不可分である。協働システムには、潜在的に、諸経済からの呼びかけがある。そうした呼びかけを「道徳準則 moral code」と捉える。協働システムには、潜在的に多様な道徳準則が渦巻いており、それらに対応して多様な責任も潜在する。そうした道徳準則に対して、統合因としての組織がどのように応答する（責任的である）のかを規定する固有の組織準則が生成されつつある。この組織準則が協働システムに潜在する諸道徳準則への応答の仕方を規定するのであり、したがって組織準則の質が諸要因間の調整の質を規定する。協働システムは、多様で複雑な道徳準則――物的・生物的、社会的および私的道徳準則、そして組織準則――から構成される道徳的制度へと成り行く。

しかしここに、諸道徳準則と組織準則との乖離が甚だしくなり、コンフリクトが発生・拡大する危険性が潜む。コンフリクトを解消するために、多様な道徳準則と組織準則とが調和可能な「新たな道徳性の創造」が求められる。これが経営者の核心的な役割である。バーナードは、協働に関わる利害関係に、人的・社会的要因のみならず、物的・生物的要因まで含めている。

企業の目的と利潤の機能――ピーター・F・ドラッカー――

ピーター・F・ドラッカー（Peter F. Drucker）がアメリカに渡ったのは、一九三七年であった。アメリカ資本主義は新たな段階に入っていた。ドラッカーはアメリカに、旧い秩序である「商業社会」に替わる、来るべき「産業社会」の可能性を見出した。

ドラッカーは、「もし個々の成員に社会的地位と機能を与えず、また決定的な社会の権力が正当な権力（legitimate power）でなければ、社会は機能できない」（Drucker 1942, 1995, p. 28）という。正当な権力とは、個々人の社会的地位と機能の基礎を成すその社会の基本的な信念（the basic ethos of the society）に基づいて機能する権力である（Drucker 1942, 1995, p. 32）。以上を「社会の純粋理論」として、通時的な視点で社会の現実の変化を分析する。

ドラッカーは当時、市場における財産の売買を中心とした商業社会から大量生産組織を中心とした産業社会へ、という歴史認識であった。商業社会は財産中心の社会であった。ところがすでにアメリカでは、市場によっては秩序づけることができない産業企業体（industrial enterprise）が中心となるような社会が出現してきていた。経済は二つの部分に分かれ、一方は実体経済（積極的財産）であり、他方はシンボル経済（消極的財産）である。実体経済はゴーイング・コンサーン（永続企業体）において組織化される。決定的な社会の権力は実体経済を支配する産業企業体にあるが、その支配者たる経営者が行使する権力は、正当な権力ではないという（Drucker 1942, 1995, Chap. IV）。

そこで「自由にして機能する産業社会」を希求するドラッカーは、産業企業体に注目する。ここで「自由」とは、責任ある選択を意味する（Drucker 1942, 1995, p. 109）。したがって「自由にして機能する産業社会」とは、当該主体が自らの責任ある選択を通じて、特定の社会的地位と機能を引き受ける社会をいう。産業社会を生きる諸個人は、「社会的制度」としての産業企業体の中で、それを通じて社会的地位と機能を獲得し、目標と理想を見出すことになる。産業企業体も同様に、自らの責任ある選択を通じて、社会の中で、特定目的のための道具として、その活動が特定目的の履行に必要である場合にのみ正当なものとなる。こうして、決定的な社会の権力が正当な権力になり得る。

企業も社会の中の一機関である以上、それ自身の事業目的があり、それが「顧客の創造 to create a customer」だとドラッカーはいう。企業は顧客の諸要求を充足するために、社会から諸資源の生産的な活用を期待され、委託されている。こうした期待に応え顧客を創造するために、企業にはマーケティングとイノベーションという二つの基本的機能がある。マーケティングは顧客の存在を捉え財やサービスを開発するために、イノベーションは顧客の要求をよりよく実現するためにある。経営者には、「顧客の創造」という目的を達成するため、諸資源から構成される企業を生産的に管理することが求められる。したがって企業には、生産性の向上という第三の機能が要請される。

ところで、「顧客の創造」を企業目的に据えるドラッカーは、企業目的を「最大利潤の追求」とする一般的見解を転倒した発想であると否定し、改めて利潤の機能について言及する。ドラッカーは利潤を、「顧客の創造」を目指してマーケティングとイノベーション、そして生産性の向上に努めたことの結果であり、事業活動の唯一の評価基準であると捉える。それはまた、損失を回避して企業が存続するために、未来のリスクに備える費用（未来費用）である。そのために「必要最小限の利潤」が、事業の行動や意思決定を規定する（Drucker 1954, 1999, p. 45, 翻訳書（上）、六五頁）。

「自由にして機能する産業社会」を実現させるためには、個人も企業も入れ子構造のように、当該主体が自らの責任ある選択を通じて特定の目的を設定し、特定の社会的地位と機能を引き受けることが要請される。そうなるよう実践することがマネジメントであり、その中心に経営者がいる。バーリ＝ミーンズが示した「第三の道」に対して、ドラッカーは「顧客の創造」という形で応答した。

「顧客の創造」による「豊かな社会」到来の意味――依存効果、テクノストラクチュア――

ジョン・K・ガルブレイス（John K. Galbraith）は制度派経済学を代表する一人である。彼は現実を直視し、その分析に必要とあれば「通念」を批判して、自ら新しい概念の創造を厭わないアメリカ的哲学の系譜に連なる。ガルブレイスは、バーリ＝ミーンズが提起した株式会社における経営者支配がその後さらに進展していると考え、大企業体制の意味を問うことになる。彼が創造した新しい概念として、本章と関わる範囲でいえば、依存効果、テクノストラクチュアが挙げられよう。

「依存効果 dependence effect」は、『豊かな社会』（一九五八年）で登場する。依存効果とは、欲望は生産に依存するようになり、生産を増加させるために欲望を有効に操る、という事態を指す。経済学の教科書では、消費者の欲望は所与であり、そこから生じる需要曲線は生産者の供給曲線と独立であると想定されていた。ところが大企業体制下の生産者は、「財貨の生産」と「欲望の造出」という二重の機能を持つことになる。欲望の造出とは、生産された財貨によって惹起される消費者同士の見栄張り競争のような受動的な過程だけではなく、生産者による広告・宣伝や販売活動といった能動的な過程を経て、欲望が造出されることを意味する。

こうした生産による欲望の造出という事態が生じるのは、ケインズが指摘した絶対的な必要と相対的な必要の違いが関係する。それは、他人や社会と関係の無い絶対的な必要——空腹に代表される物質的窮乏と関わる——と、他者や社会との関係の中で生じる相対的な必要——消費者同士の見栄張り競争のように際限が無く、精神的窮乏と関わる——である。かつて貧しい社会は物質的窮乏を埋め合わせる絶対的な必要が問題であった。ところが、大企業体制によって実現される大量生産—大量販売—大量消費という生活様式の中では、かつてない物質的豊かさが達成されつつあった。そうした「豊かな社会」においては、絶対的な必要は確保されつつあり、相対的な必要を満たすことの方がより重要になってくる。通念では生産の増大は人々の欲望を満たしてくれるが、現実には「豊かな社会」では生産の増大が際限なく欲望水準を引き上げ、新製品の広告・宣伝等がさらに人々の欲望を刺激し精神的窮乏を惹起するという「新たな貧困」をもたらす。ドラッカーが主張した企業による「顧客の創造」とその結果としての「豊かな社会」の実現、そしてそれに伴う「新たな貧困」の問題に、どのように応答すればよいのか。企業の、そして経営者の役割は何であろうか。

次に「テクノストラクチュア technostructure」であるが、これは『新しい産業国家』（一九六七年）で登場する。ガルブレイスはミーンズの考えを受け継ぎ一九七四年末時点で調査を進め、少数の巨大株式会社への経済力の集中度が高まっているのみならず、その速さも加速されていることを見出した。彼はそうした状態を「成熟した法人企業」、「寡占市場」、「計画化体制」などと表現する。「計画化体制」とは、少数の巨大企業からなる寡占市場においては、そうした企業は市場に従うのではなく、依存効果で言及したように、むしろ市場を計画的に支配しているという事態を意味する。このことを強調するガルブレイスは、巨大企業の内部に着目し、巨大企業を成り立たせる組織を強調する。

大規模化した企業経営は、複雑化し、多様で、広範囲に及び、専門的知識を必要とする。企業経営における意思決定は、いまや企業家や経営者が単独で行うのではなく、集団的意思決定となる。ここで集団とは、「経営陣」に含まれる小集団ではなく、もっと広範囲にわたる。集団による意思決定に対して専門的な知識、才能あるいは経験を提供するすべての人々で形成される「組織」をテクノストラクチュアと名づける（Galbraith 1967, p. 71）。彼らと巨大企業・組織との関係を検討するために誘因体系の考察があり、刺激誘因として①強制、②金銭的報酬、③一体感（共鳴）、④適合、を挙げる（Galbraith 1967, Chap. 11）。ここで③一体感（共鳴）とは組織目的と個人目的との一体感（共鳴）であり、④適合とは組織目的に不満がある場合、それを個人目的に合致させるように変更（即ち適合）しようとすることを意味する。その観点からいえば、テクノストラクチュアにとってはそれぞれの部門が有する組織目的と個人目的の一体感（共鳴）が強いという。テクノストラクチュアは仕事自体が自己目的化する傾向が強いので、一体感（共鳴）という刺激誘因が効きやすい。経営トップから現場作業員までを並べると、下位層ほど金銭的誘因が大きな割合を占め、上に行くほど一体感（共鳴）が強くなり、経営トップに近づくと適合が大きくなるという（Galbraith 1967, Chap. 13）。

ところで巨大企業の行動原理は何か。「テクノストラクチュアの生存の第一の要件は、その意思決定の権力の基礎である自律性を維持することである」（Galbraith 1967, p. 167）。そのため最低限の収益を確実に得る必要がある。巨大企業は利潤極大化よりも、最低限の必要利潤の安定性を確保し、依存効果による生産拡大を通じた企業（組織）の成長を目指す。それが彼らの影響力拡大となる。

経営者資本主義における企業行動――「経営者の目的」に還元する経営者支配の企業理論――

ウィリアム・J・ボーモル（William J. Baumol）やロビン・L・マリス（Robin L. Marris）などによって展開された経営者支配の企業理論は、個人企業ではなくて、著しく競争が制限され、「所有と支配の分離」が進んだ巨大株式会社を対象とする。経営者支配の企業理論においては、企業の目的は経営者の効用関数によって表現され、その最大化を志向して行動すると想定される。ここでの経営者像は、最低限の必要利潤を確保するという制約のもと、株主の単なる代理人ではなく、自らの効用を高めようと自由裁量の余地をもって独自の目的を追求する能動的な主体である。ガルブレイスが組織に注目するのに対して、経営者固有の目的に注目するボーモルやマリスの所説を概観する。

ボーモル（1959）は、経営者の報酬や名声が売上高に関連していることに注目し、企業はその維持に必要な最低限の利潤を制約条件として売上高の極大化を志向するという売上高極大化論を主張した。その理由として売上高が減少すると、①顧客や流通業者が離れていく、②金融機関が貸出を嫌がる、③労働者解雇の必要性が生じると労使関係が悪化する、④市場での独占力を低下させ競合他社との競争上不利が生じる、⑤経営者の報酬は利潤ではなく売上高に依存している、等を挙げている。したがって、経営者は必要な最低利潤を制約としながら、長期的な安定成長を目指すことになる。

次にマリス（1964）は、経営者は株主のための利潤極大化を目的とはせず、企業の成長率極大化を志向すると主張した。生産が巨大株式会社に集中されるようになった「経営者」資本主義においては、古典的な企業家に代わって専門経営者が会社権力を掌握するようになる。[12]

マリスは経営者の動機を多面的に検討し、①心理学的動機としてのダイナミックな向上心および企業と自己との同一視、②社会学的動機としての階級志向、③経済学的動機としての非金銭的誘因（広義）およびストック・オプション、ボーナス、基本的報酬（狭義）、を挙げる。

この仮説では、企業は企業資産の成長率と株式評価率（株価総額と企業資産の簿価の比）から得られる経営者の効用を最大化するよう行動すると想定する。企業資産の成長率は、規模と結びついた報酬・権力・威信といった経営者の効用に関連しており、その追求のためには企業の拡大・成長が前提条件となる。また株式評価率は安全性を表す指標であって、これが下がりすぎてしまうと他社からの乗っ取り（テイク・オーバー）の脅威にさらされることになる。経営者は、安全性を確保した上で企業の成長率極大化を志向することになる。

四　企業をめぐる利害認識変容の意味――問われる経営者の役割――

近代株式会社制度は、一世紀にわたる法令・判例の積み重ねの意図せざる結果、その制度の中に「所有権からの支配の分離」という「財産の変革」を組み込んだ。株主は流動性を確保する代わりに、積極的財産の支配から分離された利得所有権を象徴する株式を所有することになる。そのことが、より大量の資本集中と経済力の一元的支配を可能にした。その結果、巨大株式会社が台頭してくるが、それは同時に企業経営の複雑化を招き、専門経営者の台頭という「所有と経営の分離」が進行する。その間にも「株式の分散」が進み大株主の持株比率の低下に従って、その支配力も低下していく。それとは逆に専門経営者による株主総会での委任状集約の可否が重要になり、「法律的権限による支配」から「実際的権限による支配」へと移行していき、ついには「所有と支配の分離」に基づく経営者支配に至る。株主は、株式会社の支配者からさまざまな利害関係者の一部へと、その位置づけが変化する。巨大株式会社は、株主のための利潤極大化志向の私的致富手段から、多様な利害が渦巻く社会的組織としての準公的会社へと変質していく。こうした事態は、通念となっていた一九世紀までの私的資本主義下での自由競争を前提した企業観から、集産主義的資本主義下での少数の巨大株式会社からなる寡占市場において、市場に計画的に介入し得る影響力を有する企業観への転換を迫った。経営者像も、株主の受託者から多様な利害の調停者へと変容してくる。

協働システムの一形態である株式会社も多様な利害の渦巻く社会的制度であり、その目的も潜在的には多様であり得る。ここでドラッカーは、企業の目的は「顧客の創造」であると焦点化した。それは、大衆消費社会でもある産業社会に適合的な方向づけであった。また利潤は、事業継続のための未来費用であって、「必要最小限の利潤」を確保することが制約条件と捉えられた。こうした利潤の捉え方は、経営者支配の巨大企業の行動原理を理解する上で、一つの基調となる。

ガルブレイスは依存効果という視点から、「顧客の創造」による「豊かな社会」の実現が「新たな貧困」をもたらす問題性を取り出した。また、生産が集中する巨大企業の意思決定は、経営者が単独で行うのではなく、テクノストラクチュアが集団的・組織的に行う。その行動原理は、彼ら自身の自律性を維持するために、最低限の必要利潤の安定性の確保を制約条件としながら、生産拡大を通じた企業の成長を目指す。そのことが組織の、言い換えればテクノストラクチュアの影響力向上につながるからである。ボーモルやマリスによって展開された経営者支配の企業理論でも、やはり最低限の必要利潤の確保を制約条件としながら、経営者の効用関数の最大化を企業の目的と捉え、売上高極大化論や企業成長率極大化論を提示した。ただし両者には、企業の意思決定を経営者に還元しようとする通念の影響があり、この点をガルブレイスはテクノストラクチュアによる組織的意思決定として捉え直すことになる。

バーリ＝ミーンズが示した「第三の道」は、経営者が準公的機関となった企業に潜在する多様な利害を調停することを期待した。それらへの応答が要請される経営者のあるいは組織としての（潜在的）責任が、「顧客の創造」や経営者の効用関数最大化として焦点化されるとき、そこには逆に何らかの暗点（盲点）化が生じ得る。企業をめぐる利害認識の変容やその捉え方の相違の意味を、今日的視点から改めて問う必要がある。

（藤沼　司）

注

（1）ジョン・K・ガルブレイス（John K. Galbraith）は、特定の事柄に関して多くの人々に受け入れられている考え方を「通念 conventional wisdom」と呼ぶ（Galbraith 1958, 1998, Chap. 2）。「conventional という語には、慣習的な、ありきたりの、因襲的なというニュアンスがあるように、新しいものをつくりだしていく現実に対し、時代後れになっていくという意味が含まれている。『通念の敵は現実』である、とガルブレイスが言うとき、『通念』にはかつての時代を意味させ、『現実』には、変化し、進歩した現代を意味させている」（伊藤 二〇一六、九六頁）。

（2）第一次世界大戦後、ファシズムや修正資本主義の流れとも相まって、国家が積極的に市場に介入していくことの是非をめぐる個人主義と全体主義の議論が活性化してくる。本章の重要な時代背景となる。

（3）プラグマティズムの特徴を、現実にうまく適応するために、経験をプラグマティックに概念化し、行為を通じてその真理化を目指す不断の過程、と捉えることができる。
（4）正木・角野（一九八九）、二二一―二二三頁を参照のこと。
（5）バーリは、「経営者は会社とその株主の受託者だとする見解である」（三戸編著 二〇一三、九二頁）。「会社はすべての株主の利益になるように経営されねばならないということである。その理由は、株式会社の権力は全株主の信託権力と見なすべきだからということになる。これが『信託権力としての会社権力』（第二編第七章）の意味である」（三戸編著 二〇一三、九三頁）。
（6）詳細は、三戸編著（二〇一三）、第二章を参照のこと。
（7）「物的諸資産に対する支配力という意味での経済力は、明らかに求心力に対して反応し、少数の会社経営者の掌中に、段々と集中する傾向がある。同様に、利得所有権 beneficial ownership は遠心的であり、分割・再分割される傾向があり、かつ、段々と小単位に分割されて、人々の手から手へと自由に移転する傾向がある」（Berle and Means 1932, 1991, p. 9, 翻訳書、一〇頁）。
（8）株式会社の大規模化と株主の増大に伴って、株主に対する保護規定が緩和されていく過程の概要は、以下を参照のこと（三戸編著 二〇一三、八八―九二頁）。
（9）メアリー・P・フォレット（Mary P. Follett）は、同様の発想―The Administrator as Integrator of the Interests of all Parties Concerned―を、一九二五年一月に開催された人事管理協会に提出された論文で示している（Follett 1941, 2005, p. 90, 翻訳書、一二九頁）。
（10）詳細は、藤井編著（二〇一一）、第五章・第六章や藤沼（二〇一五）、補論Ⅱを参照のこと。
（11）ここで「経済 economy」とは、一般に貨幣で評価されるモノやコトの意識的交換面にとどまらない。この言葉は、「無駄を省き浪費を戒め、入るを計って出るを制す（収支の釣り合いをとる）ことによって、家の永続を期すという意味をもっていた」（藤井 二〇一三、一八九頁）。
（12）マリスは「『経営者』資本主義とは、二〇世紀中葉における北アメリカおよび西ヨーロッパの経済体系の名称であって、生産が巨大な株式会社に集中されている、一つの経済体系を示している」（Marris 1964, p. 1, 翻訳書、三頁）と述べる。

第五章　社会における企業と利害関係者（ステークホルダー）

――異端の学理とその先端領域――

一　「利害関係者」概念と経営学

英語圏における「利害関係者」という言葉の由来・起源とその語感

「利害関係者」の英語表記 stakeholder の由来・起源は、「正当な所有権を主張する移住民」である (Julius 1997, p. 454)。その当時、新大陸と呼ばれたアメリカの地に移住・定住した人々は、先住民族が先占していた土地を開拓し征服することをもくろんで、自分たちが一方的に占有権原を設定した土地の周囲に支柱 (posts) や杭 (stakes) を打ち込むとともに、自分たちの土地所有権を主張したといい伝えられる。

こうした英語のニュアンスも相まって、一九七〇年代のアメリカでは、「それが照準を定めた企業に対して直情径行で急進的な態度に打って出る人」や「経営陣に対してモノ申す抵抗勢力」が「利害関係者」と呼ばれていた。その後、一九九〇年代に入ってもなお、「利害関係者」という言葉は、「企業の影響下でその存在が無視されていた人」を指すスラングに過ぎなかったといわれる。「利害関係者」という言葉が実務の世界で初めて使われたのは、スタンフォード研究所（ＳＲＩ）で一九六三年に作成された内部文書だとされる。その当時、利害関係者は、「その支持が得られなければ、組織の存続が脅かされるような集団」だとされ、株主、従業員、顧客、サプライヤー、債権者、社会がそれとしてリストアップされていた（Freeman and Reed 1983 p. 89）。

利害関係者理論の生みの親ともいわれるロバート・Ｅ・フリーマン（Robert E. Freeman）の名前が初めて表に出たのは、アメリカ経営者協会（ＡＭＡ）の機関紙『マネジメント・レビュー』に掲載された論文「利害関係者との交渉」においてである（Charan and Freeman 1979, p. 8）。

アメリカ企業のエグゼクティブ向けに編集された雑誌の表紙には、ジョナサン・スウィフトの小説『ガリバー旅行記』の名場面を模した絵が掲載されている。具体的には、ガリバーを模して描かれた巨大な身体のＣＥＯが、リリパット国に住む小人に摸して描かれた利害関係者（＝労働者、環境保護団体、消費者団体、動物愛護団体、労働安全衛生局：ＯＳＨＡ）の手で相互に交わされたロープで拘束されて身動きのとれなくなった様子が描かれている。こうした描写は、たとえどんなに強大な権力を持つ経営者でさえも、利害関係者相互の連携と圧力に屈服せざるを得なかった当時の世相を如実に物語っている。

企業と利害関係者

「利害関係者」という言葉が経営学の領域で広く知られるようになったのは、フリーマン（一九八四）が『戦略経営—利害関係者アプローチ—』（*Strategic Management: A Stakeholder Approach*）を世に出してからである。

本書の中で、企業の利害関係者は、「企業の目的達成に影響を与えるか、さもなければ企業の目的達成によって影響を被るか、そのどちらかの個人または集団」と定義され、株主、従業員、顧客、サプライヤー、債権者、社会が列挙されていた（Freeman 1984, pp. 31-32）。

現代経営のさまざまな文脈で用いられる利害関係者モデルが広く知られるようになったのも本書を通じてである。このモデルの原型は、フリーマンが一九七〇年代に見たとされる「(車輪のホイールとスポークの構図を摸して描かれた) 利害関係者の分布図」（Freeman 2005, p. 419）である。

折しもアメリカ国内では、「(企業にとって敵対的な) 外部環境をどうやってハンドリングするのか」が問われていた。このような時代に構想された利害関係者モデルは、「企業の事業活動に利害関係を有する個人または集団は等しく便益を享受すべきである」と提唱し、経営意思決定のプロセスで株主以外の利害関係者が蚊帳の外に置かれていた状況に警鐘を鳴らすものであった。

利害関係者研究の先駆的文献として知られるフリーマン（一九八四）の著書のタイトルは『戦略経営』であった。しかし実のところ、本書の主張が株主価値重視の傾向と真っ向から対立する内容を含んでいたため、戦略経営の領域で利害関係者アプローチが注目を浴びることはなかった。その代わりに、「企業と社会」論（B&S）や企業倫理学の領域で広く受け入れられるところとなり、現在に至る（Harrison, Phillips and Freeman 2020, pp. 1226–1227）。

企業と社会との関係を社会科学の視点から記述的に説明する「企業と社会」論の領域において、「利害関係者」という言葉は、「企業は社会の誰に対して責任を負うべきなのか」、「どのような利益と権利）がリスクにされされているのか」を特定する役割を担っている。また、「良き市民としての企業」のコンセプトは、利害関係者に与える損害や損失を最小限に止める義務を負うと同時に、社会全体の幸福（well-being）の増進に資する義務を負うとされる（Wood 2008, p. 161）。「企業と社会」論の領域で俯瞰的に描かれる企業と利害関係者の群との関係は、経営現象の観察に基づく事実の記述であり、経営学における理論としての利害関係者理論の基盤となっている。

現代的パラダイムによる規範倫理学解釈――義務論・功利主義に基づくアプローチ

利害関係者理論の中枢に位置する哲学的基盤を真正面から捉えて理論化したのは、ウィリアム・M・エバン（William M. Evan）とフリーマンである（Evan and Freeman 1988, pp. 75–93）。大学院で哲学を専攻していたフリーマンと社会学専攻のエバンとの共著論文は、カント倫理学の義務論における「人間の尊厳」（respect for humanity）を淵源とした定言命法の第二方式「自他の人格を目的自体として――尊厳ある存在として――尊重せよ」という価値を取り込んで、現代的パラダイムによるカント解釈を基に利害関係者理論の正当化を試みたものである。

「人間の尊厳」という価値理念は、人間一人ひとりに内在的価値の存在を認めると同時に、誰一人として「手段・道具として用いてはならない存在」だとされる。つまり、「人間の尊厳」の担い手としての人間には、市場価値とは異なる内在的価値が存在すると解される。このことを利害関係者論者（stakeholder theorist）のロジックに沿って説明すれば、利害関係者理論は、株主の権利と株主以外の利害関係者の権利とを等しく並置して、「株主を含む利害関係者全般を目的自体として――尊厳ある存在として――尊重せよ」という規範に従うことを経営の実務家に提示してみせたのである。

カント哲学に由来する思想を大胆に取り込んで独自の理論体系を構築したエバンとフリーマンの論文は、巨大株式会社の民主化を視野に入れるとともに、「利害関係者に資するビジネス」の促進を意図するものであった（Freeman 2005, p. 422）。

ただその一方で、規範倫理学の中でもとりわけ抽象的・形式的だとされる「人間の尊厳」という切り札を使ったことで、利害関係者理論の拡張可能性に一定の制限が課せられたのも事実である。また、カントの義務論に焦点を当てたことで、逆にジョン・ロールズ（John Rawls）の正義論や、利害関係者の幸福などといった功利主義的な思考に光が当てられるようになった。

企業の事業活動に利害関係を有する個人または集団は果たして誰なのか。企業の経営を担う経営者は、誰の何を増幅すればよいのか。こうした論点にロールズ以降の正義論の論点を取り込んで利害関係者理論の正当化を試みたのがロバート・A・フィリップス（Robert A. Phillips）である。

彼が一九九七年に発表した論文は、企業と利害関係者との間に相互信頼と協調関係を見出すとともに、利害関係者の間で異なる要求を公正に裁定することの重要性を説く（Phillips 1997, pp. 51–66）。また、人間の幸福を社会の最大目的に据えるトーマス・M・ジョーンズ（Thomas M. Jones）とウィル・フェルプス（Will Felps）が二〇一三年に発表した論文は、「株主価値最大化を通じた社会福祉の増進」に代わる「利害関係者の幸福の増進」を提示して、企業目的に利害関係者の幸福を据えることの重要性を説く（Jones and Felps 2013, pp. 349–379）。そのどれもが近年再び脚光を浴びる功利主義の立場に立つアプローチで、今後の研究の進展が期待される。

二　研究方法の観点から見た利害関係者理論

利害関係者理論の方法論――記述的・道具的（手段的）・規範的アプローチ

利害関係者理論は果たして理論といえるのか。利害関係者理論は、社会科学における経営学の領域で「不変の原理・原則」の域に達し得たのであろうか。

もしそうなら、企業と利害関係者との関係性を筋道立てて論理的に説明できるはずである。そうでないなら、ただの「課題解決の手法（＝アプローチ）」なのか、それとも「ある視点・立場からの見方（パースペクティブ）」に過ぎないのか……。このことをめぐっては長らく論争があり、現時点に至るまでの間にも数々の提案や折衷案が提示されてきている。

伝統的な学問観に拠って立てば、利害関係者理論は、自然言語によって記述された理論である。また、実務の世界で観察された事実を基に生成し、株主第一主義（shareholder primacy）に代わる新たな理論――価値創造型の利害関係者理論（value creation stakeholder theory）――を提示して企業行動の変容を促進したという点でも理論なのだといえる（Freeman, Phillips and Sisodia 2018, p. 4）。

経営学における理論としての利害関係者理論の構造を明らかにしたのが、AMR（アメリカ経営学会［AOM］の機関誌の一誌で理論研究の論文が掲載される）に掲載されたトーマス・ドナルドソンとリー・E・プレストン（Donaldson and Preston 1995, pp. 65–91）の論文である。この論文は経営学の分野・領域で被引用件数が多い論文の一つで、利害関係者理論への道標ともなっている。

ドナルドソンとプレストンによれば、企業と利害関係者との関係をめぐって展開された議論には、以下で説明するように、①記述的アプローチ、②道具的（手段的）アプローチ、③規範的アプローチが存在し、それぞれが相互に補い合って全体が構成されているという。

命題一　利害関係者理論は「企業の実態がどうなっているのか」を客観視して記述したモデルを提示している点で、記述的アプローチに基づく理論である。ここでいう記述的とは、「観察に基づく事実の記述」を意味する。つまり、企業と利害関係者の関係を単純化して表した利害関係者モデルは、誰もが観察可能な経験的事実なのだといえる。

命題二　利害関係者理論の説く「利害関係者志向の経営（ステークホルダーマネジメント）」と企業業績との間に正の相関が認められる点で、道具的（手段的）アプローチに基づく理論だとされる。言い換えれば、企業業績を高めるための手段として「利害関係者志向の経営」には価値があると考えられている。

命題三　利害関係者の権利に内在的価値の存在を認めている点で、利害関係者理論は規範的アプローチに基づく理論だとされる。ここで、利害関係者の権利という価値は内在的価値であり、何らかの目的を達成するための手段としての有効性という価値ではない。

命題一～三について、利害関係者理論は三重の同心円の構造をとっている。同心円の最外殻には記述論が配置される。ここで、利害関係者理論は、誰もが観察可能な経営現象の観察に基づく客観的記述を行っている。次いで、最外殻の内側には道具論（手段論）が配置され、企業業績と「利害関係者志向の経営」との間に相関関係が成り立つと前提している。最後に、同心円の中心には規範論が配置され、利害関係者の権利に内在的価値の存在を認める理論だとしている。

ドナルドソンとプレストンの論文の特徴は、利害関係者理論の三側面を提示したうえで、（命題四）利害関係者理論が「広い意味で管理的（managerial）」だと言及した点である。つまり、一方で利害関係者の権利に内在的価値の存在を認めながら、他方で学問としての経営学の領域において、利害関係者の存在はあくまで「企業にとっての利害関係者」だという認識を示したのである。

利害関係者理論における事実と価値——方法二元論をめぐる論争

ドナルドソンとプレストンによる論文は、利害関係者理論の輪郭を明らかにするとともに、利害関係者理論には「社会科学の研究手法」と「規範倫理学の研究手法」とが混在している事実を浮き彫りにした。このことは、とりもなおさず利害関係者理論に「客観的な事実認識（fact）」と「主観的な価値判断（value）」とが入り混じっていることを示唆している。

両者の関係をめぐってAMRで展開された論争の対立点は以下の通りである。

利害関係者理論の収斂説　社会科学の研究手法と規範倫理学の研究手法との接点を見出して統合する立場に立つのが、ジョーンズとアンドリュー・C・ウィックス（Andrew C. Wick）である。彼らは、社会科学領域における利害関係者理論と規範倫理学領域における利害関係者理論とのハイブリット型の理論の構築を提唱し、利害関係者理論の論点を以下のように再整理している（Jones and Wicks 1999, p. 218）。

経営者の行動原理　経営者は、利害関係者との相互信頼と協調関係を構築・維持するために努力すべきである。

規範理論の根幹　相互の信頼と協調に基づく経営者と利害関係者間の関係は倫理的に望ましい。

規範理論の根幹を支える道具的（手段的）理論　利害関係者との相互信頼と協調関係を構築・維持した方が、そうでない場合と比べて競争上の優位性を獲得できる。

規範理論の根幹にある倫理的基盤＝企業と利害関係者間の相互信頼と協調関係は倫理的に正しい。

このような段階を踏んで整理・説明される収斂説は、経営学領域と規範倫理学領域に二分された利害関係者論者の方法論の統合を試みると同時に、いわゆる「事実／価値」をめぐる論争に一応の決着を試みるものであった。

利害関係者理論の分岐説　ジョーンズとウィックスの立場とは対照的に、フリーマンは、社会科学の研究手法と規範倫理学の研究手法という二分法的思考を支持する立場——利害関係者理論の分岐説に依って立つ（Freeman 1999, pp. 233-236）。

倫理学の言説と経営学の言説とを区別する分離命題（separation thesis）を支持するフリーマンによれば、利害関係者論者は、株主以外の利害関係者の権利に内在的価値の存在を認めている点で既に事実と価値を混同しているという（Freeman 1994, p. 409）。正確を期するなら、利害関係者論者は正確な事実認識に基づいて価値判断を行っているとしている。また、フリーマンによれば、利害関係者という言葉はあくまで株主の対抗軸として生み出された「文字表現を用いたデバイス（literary device）」なのであって、「純然たる意味において記述的で、価値自由で、価値中立的な利害関係者理論」という表現自体が矛盾するという。こうしたフリーマンの主張の根底には、利害関係者理論が数多くの臨床例を基に構築されてきているという認識と、「企業の目的達成のためには、利害関係者との関係性構築が重要である」とした「利害関係者志向の経営」のコンセプト自体が実用主義的（プラグマティック）であるという認識がある。

利害関係者理論の方法論をめぐる論争は、研究者の属性や意図によって、利害関係者理論の用い方が異なる現実を如実に物語っている。つまり、社会科学としての経営学領域の研究者は利害関係者を一種の分析単位（unit of analysis）だと捉えて、企業の事業活動が（社会に存在する）利害関係者の群に与える影響を描写する傾向がある（Freeman 2004, p. 229）。その一方で、規範倫理学の系統に属する研究者は、利害関係者という言葉を用いて、企業が説明責任を負うべき対象を一括りにする傾向がある。

利害関係者論者を二分した論争は、社会科学の領域でかつて展開された「事実／価値」をめぐる論争を想起させる。それにしてもなぜ、「事実判断」と「価値判断」とを区別すべきだとする経営学の領域で「事実／価値」をめぐる論争が沸き起こったのであろうか。その理由は、利害関係者論者が、社会科学領域の研究者と規範倫理学領域の研究者とで構成されているからである。特に、後者は、経営学系統の「企業倫理学（BUSINESS ethics）」と、規範倫理学系統の「企業倫理学（business ETHICS）」とで構成されるため、利害関係者論者は、「経営の実態と在るべき経営との関係はどうなっているのか」という重い問題を十字架として背負わされているのだともいえる。

利害関係者理論の到達点と課題

利害関係者理論は、経営学における理論と呼べるのか。そもそも何を以て経営学における理論だとするのか。実のところ、後者の問いに対する答えは、経営学の領域で必ずしも明らかにされていない。ただ、「何が理論でないのか」については、一定の共通理解が形成されている。

経営学の領域で誰もが知るロバート・I・サットン（Robert I. Sutton）とバリー・M・スタウ（Barry M. Staw）の論文「理論ではないものは何か」（"What Theory Is Not"）に着想を得て、フィリップスとフリーマンとウィックス（Phillips, Freeman and Wicks 2003）が発表したのは「利害関係者理論でないものは何か」（“What Stakeholder Theory Is Not”）である。

この論文において、利害関係者理論は、「組織の管理と倫理に関する理論」だとされる。特に、組織管理の基軸に倫理と価値を据え置く点で、経営学における他の理論とは異なる性質を持つという。ただ依然として多岐にわたる分野・領域の研究者が自分たちの思いのままに「利害関係者」または「利害関係者理論」という言葉を用いてきているため、本来的な利害関係者理論に以下の歪みや誤解も生じてきている。

利害関係者理論に生じた歪み

・利害関係者理論は、経営者の機会主義的行動を弁明するための理論である。
・利害関係者理論は、目的の達成度を点数化して測定するための関数と親和性がある。
・利害関係者理論は、財務的成果の配分に主眼を置く。
・利害関係者理論は、企業を取り巻くすべての利害関係者と等しく関係性を構築する理論である。

利害関係者理論についての誤解

・利害関係者理論は、現行法の改正を求める理論である。
・利害関係者理論は、社会主義や全体経済を指向する。
・利害関係者理論は、道徳原則に終始した理論である。
・利害関係者理論は、株式会社にだけ適用される理論である。

ここに列挙した歪みや誤解を消し去り軌道修正しなければ、利害関係者理論は、批判に耐え得る強度を兼ね備えた理論でなく、体系的で精緻な理論を構築できないという。このことについて、ローレン・S・パーネル（Lauren S. Purnell）とフリーマン（Purnell and Freeman 2012）は、ビジネスに倫理の視点を取り込んだ利害関係者理論には「哲学・規範倫理学の論点」、「純粋理論の論点」、「経営学の論点」が絡み合っているものの、やはり依然として「事実／価値」の二分法を乗り越えきれずにいるとも指摘している。

三 「実学としての経営学」領域における利害関係者理論の確立

課題解決の手法としての「利害関係者アプローチ」から「利害関係者にとっての価値創造」への展開

利害関係者理論の起点は「課題解決の手法（アプローチ）」であった。利害関係者理論の生みの親ともいわれるフリーマンが実際に経験した臨床例を基に組み上げた「利害関係者志向の経営」と呼ばれる経営手法もまた現実の経営課題を解決するための技術として認識されている。

そのどちらも純然たる理論というよりもむしろ現実の経営意思決定に資する要素を含む点で共通している。このことは、フリーマンを含む利害関係者論者の多くが経営大学院ＭＢＡ課程に籍を置く研究者だという事実とあながち無関係ではない。なぜなら、経営大学院の教壇に立つ研究者には、ＭＢＡ課程に学ぶ実務家が直面する現実の経営課題に対して「実践に資する知識」を提供することが求められるからである。具体的には、現実の経営意思決定に資する「原理原則（principles）」、「経験則

(heuristics)」、「代替案（contingencies）」を提示することが求められるという[1]。

こうした基準に照らして利害関係者理論の理論としての妥当性を検証すると、以下のようになる。

原理原則　利害関係者理論は、誰の目にも明らかな経営現象の観察を基に、「経営者は何を認識しどのように行動すべきなのか」を提示している。また、利害関係者理論は、「企業に利害関係を有する個人または集団を利害関係者として認識し、利害関係者に対して相応の価値を提供すべきである」という基本法則を確立している。

経験則　数多くの臨床例を基に構築された利害関係者理論は、経験的事実に基づく理論だといえる。言い換えるなら、利害関係者理論は、現実の経営課題に直面した企業や個人の認識や行動の観察から得られた法則を基に構築された理論である。

代替案　利害関係者理論は、株主価値最大化に重きを置く株主理論に代わる選択肢を提示している。

「実学としての経営学」の領域で確立された「利害関係者を目的に据えた経営（ＭＦＳ）」を実現可能なレベルにまで下位展開したのが、「利害関係者にとっての価値創造（ＣＶＳ）」である（Freeman, Harrison and Wicks 2007, pp. 104–132, 翻訳書、一一四—一四五頁）。

ＣＶＳは、以下①〜⑦の段階を踏む。

①　**利害関係者アセスメント**　事業の全体を俯瞰して、「企業活動が利害関係者に対してどのような影響を与えるのか」についての現状や実態を評価し、改善点を見出す。

② 利害関係者の行動分析
③ 利害関係者に対する理解の深化
④ 利害関係者に照準を合わせた戦略の評価
⑤ 具体的な戦略（＝ルール変更、攻勢、防御・守勢、傍観）の策定
⑥ 利害関係者との新たな関係性の構築
⑦ 統合的価値創造戦略の策定

ＣＶＳの理念は、企業を取り巻く多種多様な利害関係者にとって良い状態を確立・維持し、利害関係者一人ひとりに対して便益や恩恵を与えることである。言い換えれば、利害関係者にとっての価値創造である。

では、利害関係者にとっての価値とは何なのか。経営学の領域で「～にとっての価値」といった場合、価値には、正（ポジティブ）と負（ネガティブ）の両面がある。利害関係者論者の説くＣＶＳは、正の価値を促進し、負の価値の抑制を図ることを目的としている。つまり、利害関係者一人ひとりに最大限の便益や恩恵を与えながら、各人の被る負荷や損失（損害）を最小限に留める経営である。

経営意思決定のプロセス――利害関係者分析と利害関係者総合

経営の本質は「総合（synthesis）」だとされる。「総合」の対義語は「分析（analysis）」である。

「誰が利害関係者なのか」をさまざまな角度から分析的に検討する段階は、利害関係者分析(stakeholder analysis)と呼ばれる。

ただ現実の経営課題は、企業を取り巻くさまざまな利害関係者の思惑や利害が複雑に絡み合って発現する。そのため、一口に利害関係者分析といっても、利害関係者間で複雑に絡み合った利害得失の関係を解きほぐして、「誰が利害関係者なのか」、「利害関係者に対してどのような価値を提供するのか」を検討する必要がある。

次いで問題となるのは、利害関係者総合(stakeholder synthesis)の段階で、優れた判断を下して物事を実行に移す局面である。ただ、実行段階ともなれば、「片方の利益を優先すれば、もう片方の利益を損ねる」などといった事態も発生し、一筋縄ではいかないこともある。

利害関係者分析を基にケネス・E・グッドパスター(Goodpaster, 1991, p. 56)が提示した倫理的な意思決定プロセス(以下①〜⑥)は、企業を取り巻く利害関係者に与える利害得失を踏まえながら、倫理最適解を導き出す規範的な意思決定モデルとして知られる。

① **認識** 実行可能な選択肢についての情報と、各選択肢を実行に移して得られるであろう短期または長期の結果についての情報とを収集する。
② **分析** 各選択肢を実行することで利害得失を被る利害関係者を特定する。
③ **総合** 構造化された情報を総合する。
④ **選択** 最善の選択肢を選び取る。

⑤　実行　選び取った選択肢を実行に移す。
⑥　検証　選択肢を実行して得られた結果を検証する。
①は事実認識の段階である。②の段階で、意思決定者は、「各選択肢が誰にどのような影響を与えるのか」を洗い出す。つまり、利害関係者に与える正または負の影響を一定の時間軸（＝短期・中期・長期）に沿って整理・分析する。①と②は入力（インプット）と情報処理（プロセス）の段階で、利害関係者分析に相当する。③は、利害関係者が被る利害得失を総合的に判断して、すべての選択肢を順序づける段階である。④で倫理的に正しい選択肢を選び取り、⑤で実行に移す。ここにきてようやく出力（アウトプット）が可能な状態となる。

利害関係者のパラドクス

経営という行為を行うためには、自社を取り巻く多種多様な利害関係者に与える正または負の影響を俯瞰的に捉えて、最終的な決断を下す必要がある。その一方で、目的関数としての株主価値も無視できない。そのためもあって、利害関係者総合には二通りの解釈が成り立つ（Goodpaster 1991, pp. 59–65）。

戦略的な利害関係者総合　株主に与える正の影響を最大化するとともに、株主に与える負の影響を最小限に止めるために、経営意思決定のプロセスに株主以外の利害関係者の権益を折り込む方法である。言い換えるなら、株主以外の利害関係者の価値に重きを置くのは、株主価値を高めるためである。

多面的受託利害関係者総合　経営意思決定のプロセスにおいて、株主の権益と利害関係者の権益とを等しく念頭に置く方法である。たとえるなら、「すべての利害関係者を視野に入れた経営」、「利害関係者全方位型の経営」である。

前者は「ビジネス偏重（＝ビジネスを重んじ、倫理を軽んじる）」の傾向があり、後者は「倫理偏重（＝倫理を重んじ、ビジネスを軽んじる）」の傾向がある。つまり、前者に依って立つ経営は、めぐりめぐって企業価値（株主価値）に与える影響を重要視している点で倫理的でない。そうかといって、後者に依って立つ経営は現代の株式会社制度の根幹を揺るがしかねない問題を含んでいる。一見したところ、そのどちらも経営意思決定のプロセスに倫理を組み込んでいるかのように見える。しかし、どちらの方法を選んだとしても、倫理的な問題が付いて回る。こうした二律背反の情況を指してグッドパスターは、「利害関係者のパラドクス（stakeholder paradox）」と呼んでいる。

四　「株主 vs 利害関係者」の構図とジャンセンによる「啓発された利害関係者理論」

利害関係者理論における主要な論点は、以下の通りである（Phillips, Freeman and Wicks 2003 p. 496）。

「株主vs利害関係者」の構図　利害関係者理論は「株主価値重視の経営」に代わる選択肢を提示して、実務の世界だけでなく学問としての経営学の領域でも一目置かれる存在になった。ここに見られる「株主vs利害関係者」という二項対立の構図は、近年に至っては「（ビジネスにおける）還元主義的思考vs俯瞰的思考」または「価値連鎖（バリューチェーン）vs価値ネットワーク」という構図に置き換えて説明される（Freeman, Phillips and Sisodia 2018, p. 5）。

評価指標（単目的vs多目的）　「株主第一主義」、「株主優越主義」の理論や「株主価値重視」の経営理論は、経営の成果を測定する目的関数としての株主価値に重きを置く。そのため、単目的（single valued objective）だとされる。たとえば、「経営の目的は株主価値の最大化である」という言説や、「株主価値を基に経営を律する」という言説に代表される。それに対して、利害関係者の権利に内在的価値の存在を認める利害関係者理論は複数の目的関数を前提しているため、多目的なアプローチ（multi-objective approach）だとされる（Jones et al. 2016, p. 219）。

これまでのところ、株主価値重視の経営は、株主以外の利害関係者の利益を毀損するという見方が支配的である。利害関係者論者の間でしばしば語られる「フリードマンとフリーマンの論争」（Friedman and Freeman debate）という表現も「株主vs利害関係者」の構図を前提している。確かにそうした一面は否定できない。しかし果たして本当にそうなのであろうか。

かつてグッドパスター（一九九一）が指摘したように、株主以外の利害関係者の権益を損なってまで、株主は自己利益を追求するのであろうか。また、株主第一主義の理論的支柱を提供したとされるマイケル・C・ジャンセン（Michael C. Jensen）が一九九一年に発表した論文は、企業価値重視の経営は必ずしも株主の優越性を意味しないと言明する。ジャンセンの意図を汲むなら、株主価値は、経営の成果を測定する目的関数に過ぎないのである。

利害関係者論者の主張に一定の理解を示しながらも、利害関係者理論と一定の距離を保っていたのが、エージェンシー理論やファイナンスの領域で広く知られるジャンセンである。彼が二〇〇一年に発表した論文は、株主価値重視の理論と利害関係者理論との折り合いをつけた「啓発された利害関係者理論」（enlightened stakeholder theory）を提唱したことで知られる。また、二〇〇八年に利害関係者理論についての特集号を組んだＢＥＱ（アメリカ企業倫理学会の機関誌）に掲載された論文の冒頭で、ジャンセンは、「社会的な観点から見て、株主価値最大化の理論は最初から間違っていた。企業における株主は取り立てて特別な存在ではない」（Jensen 2008, p. 167）と記している。

利害関係者論者が「株主価値重視の経営」を問題視するのは、株主に資する経営判断が株主以外の利害関係者に負の影響を与えたからであり、株主価値重視の経営がアメリカ国内における社会福祉（social welfare）の充実に負の影響を与えたからである（Jones et al. 2016, p. 226）。先に挙げたジャンセンもまた、利害関係者（＝顧客、従業員、サプライヤー、地域コミュニティ）の存在を蔑ろにした経営は長期的な視野に立つ企業価値最大化に寄与しないとしている。

ここに来てようやく、「株主 vs 利害関係者」の構図が解消され、「フリードマンとフリーマンの論争」にも終止符が打たれる運びとなった（Freeman 2008, pp. 162–166）。こうした議論の経緯を経て、「社会に埋め込まれた事業体」（business is embedded in society）という利害関係者論者固有の企業観の輪郭が徐々に浮かび上がってくる（Freeman, Martin and Parmar 2020, p. 104）。

五　利害関係者理論をめぐる新たな潮流と論点

寄せては返す波──企業の目的と「利害関係者に依って立つ経営」

企業の目的をめぐっては、これまでもさまざまな角度から検討されてきている。古くは、ミシガン州の最高裁判所で一九一九年に下された判決「ドッジvsフォード」（Dodge et al. v. Ford Motor Company et al., 204 Mich. 459, 170 N.W 668（1919））にまでさかのぼる。

それから一〇〇年を経て、株主価値重視の経営を前面に出していたビジネス・ラウンド・テーブル（BRT）が「企業の目的に関する声明（Statement on the Purpose of a Corporation）」を公表し、「利害関係者価値重視の経営」へと舵を切った。アメリカ国内の主要企業のCEO一八一名が「利害関係者の便益に資する経営」を記した文書にサインした事実は、「株主資本主義との決別」、「株主至上主義から脱却」などといった見出し記事で日本でも広く報じられた。

日本で「パーパス文書」とも呼ばれるBRTの文書の骨子は以下の通りである。(2)

・顧客に価値を提供すること
・従業員の能力開発に投資すること

・サプライヤーとの間で公正かつ倫理的な取引を行うこと
・地域コミュニティに対して（財政面で）支援すること
・株主に対して長期的な視野に立つ価値を提供すること

BRTの文書について、ジェフリー・S・ハリソン（Jeffrey S. Harrison）とフィリップスとフリーマン（二〇二〇）は、学問としての経営学と経営実務の世界が株主第一主義のドグマに陥っていた状況を「野火（wildfire）」にたとえるとともに、「時代思潮が、株主第一主義から多元的な利害関係者を取り込んだ企業目的（multistakeholder purpose for corporations）へとシフトするということの表れ」だとして前向きに評価している（Harrison, Phillips and Freeman 2020, pp. 1223–1237）。その一方で、「目的関数としての利害関係者価値を算定して評価する手法」や「利害関係者（＝顧客・従業員・サプライヤー・地域コミュニティ・株主）にとっての価値を算定して評価する手法」が発展途上だとも指摘している。

利害関係者論者はどこに向かうのか

利害関係者理論の観点から見た「企業の目的」については、これまでさまざまな角度から検討されてきている（Freeman, Wicks and Parmar 2004, pp. 364–369）。そうなればこそ、BRTの文書は、フリーマンを代表格とした利害関係者論者にとって一応の到達点なのだといえる。

しかし、利害関係者理論は、経営学における理論という特権的な地位を獲得するには至っていない

（Freeman, Phillips and Sisodia 2018, p. 6.）。なぜなら、経営の現場に必要不可欠な指標（ものさし）や明確な判断基準を提供していないからである。また、「利害関係者志向の経営」の因果効果の頑健性も確認されていない。さらにいえば、「「利害関係者志向の経営」を実践したから企業業績が好調になった」という事実を推定するために必要な反事実も確認できていない。このような、利害関係者論者が直接的な答えを提供できない問いは依然として多く、利害関係者理論の根源的な課題として残されたままである（Wick and Freeman 1998, pp. 123-140）。

利害関係者論者はこれからどこへ向かうのか？ こうした漠然とした問いに対する答えの一つが左記の計算法（原文ママ）である（Freeman, Phillips and Sisodia 2018, p. 14）。

TVC（Total Value Created）= f（Customer TVC, Employee TVC, Supplier TVC, Community TVC, Financier TVC）

fは、「利害関係者（顧客、従業員、サプライヤー、地域コミュニティ、資金提供者）にとっての価値の総体（the total value created for those stakeholders）」を意味する。

フリーマンとフィリップスとシソディアが二〇一八年に提示した「利害関係者総価値の計算法」は、二〇〇二年に出版された『株式会社の再定義（*Redefining the Corporation*）』で提示された「組織富（organizational wealth）」のコンセプトを一歩進めて生み出されたものである（Post, Preston and Sachs 2002）。ただ、複数の目的関数を同時に最大化することは事実上不可能なのではないか。たとえ可能だとしても、実際的には、利害関係者（顧客、従業員、サプライヤー、地域コミュニティ、資金提供者）にとって良い状態は無数に存在する。また、「何を以て良い状態だとするのか」の価値判断基準も無数に存在し、そのどれが最善なのかを議論することも極めて困難である。

しなやかさと強靭さを兼ね備えた利害関係者理論

本章は、経営の実務や経営学の分野・領域で「ステークホルダー」とも呼ばれる「利害関係者」をめぐる議論がたどった経過を経営学史の観点から整理・検討したものである。

利害関係者理論の生みの親は、バージニア大学ダーデン経営大学院のフリーマンである。彼の一連の著作物の中で、経営学史の観点から最も興味深く読めるのは二〇〇五年に発表された「利害関係者理論の展開─特異なアプローチ─」（"The Development of Stakeholder Theory: An Idiosyncratic Approach"）をおいてほかにない（Freeman 2005, pp. 417-435）。その理由は利害関係者理論の生成と発展の過程を編年体で著したこの論文には、利害関係者理論を確立したフリーマンが辿った数奇な運命も記されているからである。

フリーマンに代表される利害関係者論者の説く利害関係者理論は、現実の経営課題に直面した実務家の問題関心や期待に応える内容を含むため、「ビジネスの原理原則」として実務の世界で広く浸透したことは誰もが知るところである。その一方で、社会科学としての経営学の理論としては発展途上の段階にある。原因の一端は、利害関係者理論における主要な論点が、社会科学の領域で長きにわたって展開された「事実／価値」をめぐる論争に抵触するからである。次いで、企業業績と「利害関係者志向の経営」との因果関係をデータで検証し得ないからである。こうした課題との闘いをフリーマンは「シャドーボクシング（ボクシングの練習法の一つで、仮想の敵を想定して攻撃や防御の姿勢を独りで訓練する）」にたとえている（Phillips, Freeman and Wicks 2003, p. 480）。

利害関係者論者の闘いは、ＢＲＴが二〇一九年に公表した「企業の目的に関する声明」や、世界経済フォーラムの創設者クラウス・シュワブ（Klaus Schwab）が二〇二一年にピーター・バナム（Peter Vanham）と共同執筆した『利害関係者中心の資本主義』（*Stakeholder Capitalism*）を以て一応の到達点に達したようにも見える（Schwab and Vanham 2021）。

しかし、フリーマンとカースティン・Ｅ・マーティン（Kirsten E. Martin）とビダン・Ｌ・パルマール（Bidhan L. Parmar）が二〇二〇年に発表した『並置が持つパワー――トレードオフを超えた責任あるビジネス――』（*The Power of And: Responsible Business Without Trade-Offs*）は、「利益だけでなく目的にも重点を置くこと」、「株主だけでなくステークホルダーのために価値を創造すること」、「ビジネスを市場だけでなく社会に組み込まれたものとして捉えること」、「企業を取り巻くステークホルダーの人間性（ヒューマニティ）と経済的な利益とを尊重すること」、「ビジネスと倫理とを包括的に捉えること」を提唱するとともに、「社会に埋め込まれた事業体」についての新たな物語を紡ぐことの重要性を説く。利害関係者論者の闘いはまだ続く。

（水村 典弘）

注

（1） Smith, C. (2012), "Gerry George in focus: the work behind his Editor-in-chief title," Imperial College London, https://www.imperial.ac.uk/news/117541/gerry-george-focus-work-behind-editor-in-chief, (accessed 2021-7-11)（琴坂将広『領域を超える経営学―グローバル経営の本質を知の系譜で読み解く―』ダイヤモンド社、二〇一四年、五一―五六頁参照。）

（2） Business Roundtable (2019), "Statement on the Purpose of a Corporation," https://opportunity.businessroundtable.org/ourcommitment (accessed 2021-7-11).

第六章　企業と社会との関係性
――企業の根源的特質からの論点整理――

一　企業と社会との関係性を問う問題

法人の概念

本章では「企業と社会との関係性」という指定されたテーマの下で小論を展開する。企業と社会との「関係性」とはどのようなものを指すのかという点については多様な見解があるであろうが、本章では企業の「根源的特質」を改めて整理しながら、企業に課された目的と社会との関係性という論点からこれを描きだすことにしよう。

まず確認すべき点は「企業／会社」ならびに「社会」という概念についてである。そのためまず本項では「企業／会社」と「社会」それぞれの位置づけを図ることにしよう。

まずもって挙げられる点として、「企業」と「会社」との概念上の大きな違いは、すべての「会社」は法人格を持った社団であるものの、「企業」の中には個人企業もあり、必ずしも法人格を保有しているとは限らないということである。一般的に経済学では「企業」という詞辞を、また法学の分野では「会社」という詞辞を使うことが多い。これは、経済学の分野ではこの組織が経済的活動を行い得る存在としてあることこそが重要な論点になり、法学の分野ではこの組織が法人として保有する権利・義務の問題こそが重要になるからであろう。「会社＝法人」であるからして「企業」と「会社」とは峻別して把握されるべき概念であるが、本章では特に必要な場合を除き、日常での使用に準じて会社と企業とを分けずに位置づけ、この小論を展開する。

「法人」という考え方の原型は古くからあり、中世初期からこれをめぐる数多くの議論が行われてきたが、長きにわたりこの「法人」に関する議論の対象となったのは国家であり、教会であり、社会集団であった。団体の法的把握に関する検討は、『法学提要』（ガーイウス 二〇〇二）における「societas（ソキエタス）」に関する検討がよく知られているが、ローマ法上のソキエタスの起源は家長死亡時の財産共有関係にあった（高橋 二〇一六、二一九頁以下）。後年、共和制時代のローマでは収益源になり得る国有地や鉱山等が租税とともに高い賃借料を支払うことができるものに賃借されるようになった。この租税徴収および公的事業の請負人組合で、商事会社の原型ともされるものが「ソキエタス・プブリカノルム」であって、この存在がローマの組合法の発展の規定に大きな影響力を及ぼしたとされる（高橋 二〇一六）[1]。

このように、近代法人制度を規定する社団概念をめぐる議論は、その前史としてギリシャ、ローマ時代にまでに遡る。その後、教皇および教会の権威・権力と神聖ローマ帝国の権力との間における立法権の帰属、聖職者叙任権を中心とする闘争に正統性を与えようとするカノン法学対ローマ法思想との間に起きた闘争を経て（島村 二〇〇五a）[2]、一二四五年のリヨン公会議での教皇インノケンティウス四世の布告において使われた概念（言辞）が「擬制された人格」という考え方の嚆矢とされるが、一四世紀になるとローマ以来常識となっていた法人擬制説の下敷きとなる社会集団（団体）を一個の人格とみなすカノン法上の「擬制人格」の観念が、自然人の集合体にも導入されていった。のちにイギリスではこうした人格観念が時間をかけて社会に受容されていく中で「多くの構成員から成る集合体としての法人は不可視不滅であり、それは法の意図とその考慮の中だけでのみ存在し、先祖も子孫もいない。法人に魂はなく、人ではないがゆえにその代理に頼らざるを得ず…（後略）」（Holdsworth 1922）とのような、サットン病院事件において集合体に対する法的擬制を施し、これを一個の人格として認識するコーク卿（Sir E. Coke）の解釈が受容されていく（深尾 二〇一八）。

このように社団はすべて、最初は国家によって公法により公認された団体としてのみ登場した。「社団」を指す詞辞は collegium、corpus、corpora などで、これらを総称として universitas という詞辞が使用されていた（島村 二〇〇五b）。

株式会社の誕生の歴史を振り返れば、株式会社の成立要件となる「有限責任の確立」が一六〇二年にオランダ東インド会社の取締役団に対して認められたという事象からも同社が株式会社の源流の一つとされているが（大塚 一九六四、三六六頁以下）、「法人」の考え方は近代の株式会社制度の揺籃期になって認許制度と社団制度との結合が初めて登場したわけではなく、以上のように二千年以上前のローマに淵源を有する公法団体としての社団において既に見られたという点は確認しておくべき点である（島村 二〇〇五a）。

しくみとしての企業の位置づけ

島村の言を借りれば、前述のように法人、社団、組合をめぐる議論はカノン法思想とローマ法とのぶつかり合いの中で展開され、欧州の国家・社会思想史では当該制度への直接、間接の論及がなされた。欧州大陸では「法人の本質」を問う法人論争が展開され、これは端的にいえば法人とされる会社なるものの社会的実体とは何か、これをどのように把握するのかという議論の展開であった。こうした中で、古典期ローマ法にも通じた専門家でもあった一九世紀ドイツにおける法人の本質論争の主たる論者らは、それぞれ独自の理論を展開した（島村 二〇〇五a、一三頁）。

日本では法人学説を擬制説、法人否認説および実在の団体人格説（Theorie der realen Verbandspersönlichkeit：以下実在説）に分類する。これは独仏の法人論を継受しながらもドイツのそれともフランスのそれとも異なる特異性を有するものである（後藤 二〇一六、一三八頁）[(3)]。

法人論争の主たる担い手を土井に依拠しつつ列挙すると（土井 二〇一二、一三六頁以下）、ローマ法の近代化を図った法学者であり、法人擬制説の論者として知られるサヴィニー（Friedrich C. von Savigny）、法人擬制説を発展させ、法人という擬制の背後にいかなる実体（真の法的主体）があるのかを解明しようとする法人否認説（法人の本体は一定の目的のために捧げられた財産であるとする目的財産説論の立場）を採ったブリンツ（Aloysius von Brinz）、同じく法人の本体は法技術を通じて利益を享受する多数の個人であるとするがゆえに、法人の独白の利益の帰属者はいないということになり、したがって法人は否認される、とする共益者主体説の立場から法人否認説を採ったイェーリンク（Rudolf von Jhering）らがいる。彼らは自説を展開する際、古典期ローマ法の注釈書である『ユスティニアーヌス法典』[4]および注釈学派の文献にその所説の論拠を求めた。他方、個人の団体的結合は多数の個人が一つになることで、法人とは自然的有機体たる個人と同様に社会的有機体として一つの意思と組織を有するものであり、この実体こそが法人の本質であるとする「実在説」[5]を唱えたギールケ（Otto von Gierke）は、『ユスティニアーヌス法典』から採取された規定は法人概念を欠き、社団概念として無に等しいとして（島村 二〇〇五c、三九頁）、ギリシャ時代より一九世紀初頭までの国家・社団論の展開を近・現代における団体法に依拠して展開したのではなく、思想的、制度的、法律的素材を提供したかぎりで全欧州的スケールにおいて跡づけつつその主張を展開し、実在説を提示した（島村 二〇〇五ａｂ）。またギールケは社団論の発展にとってカノン法学が有した意義を「教会法にとって法人概念がいわば枢軸を為すという事情は、カノン法学が全面開花するやいなや、カノン法学をして何よりもまず法人論の検討を推奨せずにはおかなかった。実際にカノン法学者は（中略）、法人論に何百年も教会精神の刻印を刻んだほどである。現にあらゆる時代の教会の文献で法人概念が取り扱われている」としている（島村 二〇〇五ａ、一二頁）[6]。

一方、イギリスでは本来法人が果たすべき機能、とりわけ所有権の連続性については信託（Trust）

が大きな役割を担った。信託の考え方に基づいて受託者にコモンロー上の所有権が認められていたという歴史的背景があるイギリスでは、法人の本質論では実在説を採る必要がなかったこともあって擬制説の考え方が強く、会社そのものの存在を問題とするのではなく、会社を法技術的に「法的に存在するもの（法人）」とみなして扱えばよいとして、特に「その本質とは何か」と迫ることはしない(7)。

さて、こうした「法人」の内、「会社」の多くは「株式会社」形態を採っている。国税庁の「会社標本調査」二〇一九年度第十一表「法人数の内訳」に拠れば、日本の全企業形態に占める株式会社の比率は九二・八％であり、実数は二五四万五一〇〇社にのぼる。とはいえ日本においては「会社」はすべて法人であるが、外国においては会社がすべて法人であるとは限らない。例えば、日本の合名会社に相当する会社は、a general partner-Ship（米）、an unlimited partner Ship（英）、die Offene Handelsgesellschaft（独）であり、合資会社に相当する会社は、a limited partnership（米・英）、die Kommanditgesellschaft（独）と理解されているが、これらには法人格が認められていない。これに対して、フランスでは組合にも法人格が認められる。こうした違いは団体に対する法人格の付与について「法人としての実体を理論的に持ち得るのか」という観点からさまざまな議論が行われた結果を受けた各国の立法政策の差異から生じている（土井二〇一二、一三八頁）。

よく知られているように、現代で最も多く採用されている企業形態である株式会社については、その「有限責任制」と「法人格」から生じる責任負担のあり方をめぐり、特に一九九〇年代以降の旧社会主義国が資本主義に転換され、世界経済のグローバル化が一層進展する中で、さまざまな場面で

「会社とは何か」が議論された。株式会社は他の会社形態とは比較にならない資本吸引力と資本の自己増殖力とを下敷きに、グローバル化とＩＴ化とを追い風にして世界中で物質的豊かさを実現するための装置として成長した。

さらに二〇〇〇年代に入ると、世界経済の金融化の流れは一層加速し、元手たる資本が取引により何倍にも価値増殖する「機能」は一層徹底化された。とりわけユニバーサルな事業展開に有利な金融・ＩＴ・エネルギーといった業界の企業は、グローバルに事業を展開する中で資金を世界中から吸引した。こうした一連の流れは株式市場の好景気を演出し、その結果、「株式」とどのように付き合うのかという姿勢の違いは「富の偏在」の一因ともなった。「新自由主義」あるいは「株価至上主義」とさえ呼ばれ得るような行動原理は、新たな「格差問題」、即ち「一％の富めるものと九十九％のそれ以外[8]」という詞辞で表される格差を引き起こし、社会の分断の遠因ともなったのである。

株式会社のしくみは人間社会にとって極めて有用な存在としてその地位を固めたものの、「市場でのプレイヤー」としての機能を所有権の視角からのみ重視すると、どうしても富の偏在を誘発することになる。こうした中で「社会システムの構成要素としての会社」とは誰のものなのか、誰のためのものなのか、その存在意義は何か、といった議論が、特に二〇〇〇年前後に世界のそこかしこで展開されたのは、株式会社というしくみの再定位を試みる必要が強まっていたことを表している。

二　企業と利害関係者

企業と社会との「利害関係」

さて、「社会性」が意味するところはどのようなものなのであろうか？　そもそも「社会」とは、どのように把握されるものなのであろうか？

「社会契約説」と聞いて最初に念頭に浮かぶのはホッブス（Thomas Hobbes）であろう。しかし社会契約という詞辞ではないものの、考え方そのものであればアリストテレス（Aristotelēs）にまでさかのぼることができ、その後もデカルト（René Descartes）、ルソー（Jean-Jacques Rousseau）、テンニース（Ferdinand Tönnies）、ウェーバー（Max Weber）といった多くの論者が社会を論じてきた。しかし多くの「社会学者」も認めているように、そもそも「社会」という概念はあいまいなものでしかない。『社会学』（*Sociology: A Brief but Critical Introduction*, Macmillan, 1982）、『社会の構成』（*The Constitution of Society: Outline of the Theory of Structuration*, Polity Press, 1984）などで知られるギデンズ（Anthony Giddens）は「社会」を「あいまいなことば」と指摘し、エリアス（Norbert Elias）は近代の政治システムとしての国民国家を前提とした「いささか希薄な理想像」としている。一般的には人々の共同生活の総称ないしは人々の集団としての営みや組織的な営みを指すのであろうが、何かしら明確な境界を有するシステムでもなく、自律的な単位でもなく、また所与のものでもない。むしろ社会は経済システムや人間関係が大きく変化しつつあった過去のある時点で歴史的な必要性に応えるべく生み出された一要請として把握し得る、ある観念として位置づけることができるだろう（竹沢 二〇一〇）。

ホッブズやルソーにより「発明」されたこの「社会」という概念は、言語化されることで世に広まった。そのきっかけの一つはフランス啓蒙思想を代表する『百科全書』である。一七五一年に第一巻が公刊されたが、そこでは「社会」の語はほとんど用いられていなかった。しかし、一七六二年に公刊されたルソーの『社会契約論』の直後に書かれた「社会的（social）」の項には、この語について「近年になって言語のなかに導入された語である」と記されている（竹沢 二〇一〇、三八—四二頁、Denis Didorot et Jean Le Rond d'Alembert 1969, 翻訳書、一九七一）[9]。後年、『百科全書』はルソーや経済表で知られるフランソワ・ケネー（François Quesnay）らとともに「社会」概念の有効性を理解し、重要語句として「社会」を位置づけるようになってゆくが、ここでの「社会」は国家や政府とは明確に区別されるある種の厚みを持つ空間、それを治め、秩序と平穏とをもたらすことこそが肝要であるようなある種の空間として認識されている。こうした理解は近代のそれに極めて近いものといえる（竹沢 二〇一〇）。

現代は集団性よりも個人の権利がより重視されるようになっているがゆえに、改めて「社会」を把握する必要はむしろ顕著になってきている。ここでは「物理的空間というより人々の生活空間であり、現実の世の中として認識されるものであり、また多様な個々人から構成されつつある共通項によってくられて、他から区別される人々の集まり」でありながら、「一種の共同体的仲間意識をもって、自らを他者と区別する人々の集まり」として社会を定位し、また「社会性」を「自らとは異なる、多様な他者との間で折り合いを付けながら物事を進めていくに必要な性質」と位置づけ、そのうえで企業と社会との「利害関係」を整理する。これにはさまざまな接近方法があるが、ここではピーター・F・ドラッカー（Peter F. Drucker）の言を引き合いに確認してみることにしよう。

ドラッカーは一九七四年の著書 *Management, Tasks, Responsibilities, Practices*, Routledge（上田惇生訳『マネジメント―課題・責任・実践―』ダイヤモンド社、二〇〇八年）の中で、企業の目的は利潤追求であるという命題に対し、「間違っているだけでなく的はずれである」と批判的な見解を示してはいるが、周知のようにこれは決して利益を不要としたものではない。「企業をはじめとするあらゆる組織が社会の機関である。組織が存在するのは、組織それ自体のためではない。社会的な目的を実現し、社会、コミュニティ、個人のニーズを満たすためである」と、利益は必要であるが、それは企業や企業活動にとって目的ではなく条件であるとし、利益は企業活動や企業の意思決定にとっての原因、理由あるいは根拠ではなく、その妥当性の判断基準となるものとしている。

企業にとって利益は条件であり、本来の目的は「顧客の創造」であるとした彼の主張から見えるものは、まさに企業の「社会性」である。企業は顧客に受容されないと存立し得ないがゆえに、企業自身が「自らとは異なる、多様な他者との間で折り合いを付けながら物事を進めていくに必要な性質」を持っていないとコミュニティや個人のニーズを満たすことはできないであろう。つまり「社会から受容される企業かどうか」という視点から導き出される企業と社会との関係性は、継続的に多様な誰かの幸せに資する事業を展開することこそが第一義となり、企業はこの自らの社会的使命を経済的成果である利益と結び付けることで存続・発展していく。コミュニティや個人のニーズを満たすということが企業の目的であることから企業の「利害関係」を考えれば、「利害」の相手は「社会」ということになり、したがって利害多元的な考え方にたどり着くことになる。

利害の社会的課題化

現代では「多様な個々人の利害の尊重」という考え方が広く受容されているが、そもそも最初から個人は多種多様であり、したがって利害も同様に多種多様なのである。ただ以前はそうした多様性に富んだ個々人の利害がそのまま顕在化され得るような社会システムではなかった。技術的障壁もあって個々人の利害を受け止められるだけの具体的な「しくみ」を社会として装備することができなかったのである。

サッチャリズム以来、国家が保有していた権力は漸進的とはいえ民間へと移動し、また冷戦の枠組みが終わったことで、何にも増して重要視されてきた「国家安全保障」の影響力は水面下に引き下ろされ、その重要度は相対的に後退した。その結果、経済活動上のさまざまな場面で「できること」が増え、巨大な市場が生み出された。ＩＣＴの進展による社会システムの高次化、即ちシステム構造の精緻化は一層徹底化され、それと同時に情報を受け取るだけであった個々人が情報発信の担い手になった。技術革新により引き起こされた社会変容のムーブメントは、人種差別問題や性差別など、いままで見過ごされてきた（あるいは見て見ぬ振りをしてきた）さまざまな抑圧に対して声をあげ始めた多くの人々の行動にも見て取れる。蓄積された過去のデータへのアクセシビリティが確保され、また現実をそのままに受発信し得る技術が一般化したがゆえに、人々は自らの多様な属性に依った意見を社会に向け発信できるようになった。これにより、従前は企業にとって潜在的な利害でしかなかったさまざまな課題事項が露呈した。もともと「社会」という広大で深いフィールドのそここに広範に群生し、覆い隠されてきたさまざまな課題事項が、技術革新を受けて顕在化したといえる。

さらに、大量生産大量消費型経済社会構造の限界が明らかになる中で、消費者の嗜好は工業生産物のような可触物の所有に代表される物質的豊かさの追求からソフト中心の消費へとシフトしたのみならず、所有さえせず商品の機能のみを費消するようにもなってきている。消費者は「ムダなもの」をできるかぎり排除しようとしており、また自然環境への負荷が大きくなるような所有と消費とを回避するようにもなっている。自然環境の保護は経済成長や物質的豊かさの追求と概ねトレードオフの関係で捉えられてきたが、以前と比較して自然環境保護や気候変動問題への関心は高い。現代では自然環境や気候変動への負荷を小さくすることと「豊かさ」の追求は同時に達成するべきこと、という意識になってきているのだ。先鋭的な例を挙げれば環境活動家として注目を集めているグレタ・トゥンベリ氏（Greta E. Thunberg）の発言があるだろう。彼女は、二〇一八年の国連気候サミットにおける「あなたは私たちの未来を盗んでいる」といった声明で現在の世代の大人に責任を求めた(10)。

では企業側の行動は変容したのであろうか？

まず、依然充分ではないものの、労働の多様性を受け入れられる枠組みの構築は漸進的に進展しているだろう。人種、性別、信仰等、さまざまな視角から組織構成員の多様性が語られ、またそれを具現化するための制度も整えられてはきている。「多様な働き方」への理解もかつてよりは進んだだろう。しかしその一方で、先進諸国と発展途上国との間での働き方の不均衡は依然として横たわっており、また先進諸国とはいっても職種や従業員の「身分」による労働環境や収入の差が著しく大きくなることもあって、企業側としてもこれは決して座視していられる問題ではない。

他方、気候問題への対応としては、温室効果ガス排出削減等のための新たな国際枠組みである「パリ協定」後の世界はゼロエミッションに向かい、産業界は脱炭素社会の確立を標榜し、社会との共生に向けてＩＴ、環境等の分野における新たな技術革新に大きな投資を行う[11]。脱炭素社会確立のためにはエネルギー、建築物、交通を含むインフラ、産業などにおいて急速かつ広範囲での大規模な変革・移行が必要となり、あらゆる部門での排出削減、広範な削減策の導入、そのための相当な投資増大を要する。現在、脱炭素を目指す上でのマイルストーンは二〇三〇年であるが、将来の地球温暖化影響リスクを低減し、対策コストを下げるためには、これに十分先駆けて二酸化炭素排出量を減少せしめることが必要となり、そのためにも国、自治体の他、民間企業、市民社会、地域社会などの非国家主体が気候変動対策をとる能力を強化することが必要となる（IPCC 2018）。現代の企業は広範に利害調整を図りつつ、社会的課題解決への主体的参加を求められるような存在として認識されている。

三　市場志向から社会志向へ

「企業の責任」の多様化（CSR・CSV）

オリバー・シェルドン（Oliver Sheldon）の *The Philosophy of management*, Sir Lsaac Pitman & Sons, 1923（田代義範訳『管理科学の哲学』未来社、一九七四年）は「企業の社会的責任（Corporate Social Responsibility：以下CSR）」論の嚆矢として知られているが、法人に責任を求められるのかという視点を含むこうした議論それ自体は、第二次世界大戦前とはいえ法人論争の時代から見れば比較的新しいものである。CSR論は法人企業の責任、それも大規模な公開株式会社の社会的責任を中核的な問題対象としてきた。「企業は社会の中で存在している」という当たり前のことを受け、その後ようやく一九七〇年代のアメリカで企業の「社会的責任」に関する本格的議論が始まった。

日本では二〇〇三年がCSR元年として位置づけられ、一部で随分と騒がれた。また、現実社会におけるCSRの実践的展開には懐疑的な主張も多く見られることもあってCSRに関しては膨大な量の論考が発表された。論者によってその姿の映し出され方は極めて多様である[12]。

学問分野では、CSRがどのように役立っているのかを明確にできないということが指摘されてきた。「法人企業の役員が株主のために出来る限りの利益をあげるということ以外の社会的責任を引き受けることほど、我々の自由社会の基盤そのものを徹底的に掘り崩す恐れのある風潮はほとんどない」としたミルトン・フリードマン（Milton Friedman）の指摘は新自由主義の名の下に株主価値極大化志向の経営モデルを正当化する理論的根拠にはなったが（Freedmann 1970）、ＣＳＲは多くの支持を集めるものの、「社会貢献」と現実の企業活動との関係においてどのように有効に機能しているのかどうか曖昧な点があったのである。

また、ＣＳＲ論の隆盛にもかかわらず現実社会における企業不祥事はあとを絶たず、「腐ったリンゴ」として捉えればよいというレベルでは説明しきれない現代資本主義の基本的矛盾ともいえる問題が噴出してきた。二〇〇〇年代に入るとＣＳＲはリスク管理であるという考え方が台頭し、二〇一〇年代に入るとＣＳＲは「競合優位性の源泉」と考えられるようになったが、こうした中マイケル・Ｅ・ポーター（Michael E. Poter）やヘンリー・ミンツバーグ（Henry Mintzberg）らはＣＳＶ（共通価値の創出（創造）：Creating Shared Value）や第三の柱（多元セクター）という考え方を明示した。この両者の接近方法は異なるものの、これらは一向に収まらない資本主義の矛盾に対する回答の一つとして位置づけられるだろう（Jones and Fleming 2003, 翻訳書、二五七―二六四頁）。

ポーターはＣＳＲをより企業戦略的観点から組み立て直すことを提示して、二〇一一年にＣＳＶを提唱した。これはＣＳＲに付随していた本業外の活動（例えば社会貢献活動）を引き剥がし、むしろ戦略的視点に立ってＣＳＲを捉え直すことの必要性を訴えるもので、企業戦略の観点から事業を明確化した上で経済的価値と社会的価値との両立を図るとしている。「ＣＳＶは、社会的責任でもなく、慈善活動でもなく、サステナビリティでさえなく、経済的な成功を達成するための新たな道である」

(Porter and Kramer 2011, p. 4) としたこうした考え方はEU域内での議論とは親和性が高いが、その反面、CSVはCSRに代わり得るものにはならないことも指摘されている。

他方、ミンツバーグは「一部の企業が産み出した社会的問題を別の企業が解決できるなど絵空事に過ぎない。CSRの取り組みが産業界全体に広がり、利益の追求と社会問題の解決が両立するウィン—ウィンの世界が到来するなどとは期待してはならない」とCSRやCSVに対して強く批判している(Mintzberg 2015, 翻訳書、九三—九四頁)。

CSVに象徴される社会的価値は、経営戦略的に選択された社会的価値であり、経済的価値の創造に付随する社会的価値である。社会的価値の選択は競争力の向上という上位価値(経済的価値、最大限利潤)に規定されたものであるがゆえに経済的価値を生まない社会的価値は価値のないものとして選択の対象とならない。CSVが提唱する社会的価値は、極めて限定的な領域を包摂するに過ぎないといえる(Jones and Fleming 2003, 翻訳書、一二六四頁)。

社会的課題の解決をめぐる論点の多様化(ESG・SDGs)

上記のようにCSRからCSVという概念の変遷が指摘されるが、CSRという詞辞は少し前の世代の概念を想起させることもあり、二〇〇〇年代に入るとCSRと並んで「サステナビリティ」という詞辞が使われ始めた。米国企業を中心に「CSR報告書」が「サステナビリティ報告書」と名を変え始めたのもこの頃である。

サステナビリティと関連してみれば、近年銀行が企業への融資を行う際に当該企業のＥＳＧ(Environment Social Governance)要因を考慮するケースが増加している。わが国においても、コーポレートガバナンス・コードやスチュワードシップ・コードの策定を皮切りに、ＥＳＧ投資の推進のための環境整備が進められており、例えば二〇一九年の企業内容等の開示に関する内閣府令の改正では、企業に経営方針や経営戦略、事業リスクへの対応策に関する記述情報の充実などを求めている。また、二〇二〇年のスチュワードシップ・コードの再改訂により、機関投資家には、投資先企業に対しＥＳＧ要素等も考慮したエンゲージメントを行うことや、議決権行使についてのさらなる情報の公表などが求められるようになっている（日本銀行 二〇二〇、七頁）。また格付会社フィッチ・レーティングは、ＥＳＧへの配慮を投資プロセスに統合する資産運用会社が急増し、二〇一七年からの一年間で資産運用会社がＥＳＧポリシーを整備していることを選定基準の要件とするアセットオーナーの割合は五五％から八六％に上昇したことを示した（Fitch Ratings 2020, pp. 5–7）。新興国市場と先進国市場における全体的なＥＳＧの影響度は同程度であるが、影響をもたらす主要因には大きな違いが見て取れる。新興国市場における影響要因の大部分はガバナンスの部分である。特に取締役会のあり方、株主の高度な集中および財務の透明性の問題が挙げられており、他方、先進国市場でのＥＳＧ要因は総じて均衡しているものの、イギリスやドイツではＥＳＧ要因が格付決定要因として何かしらの影響を及ぼしている事業会社の割合が高く、米国ではガバナンスが社会リスク要因をやや上回る支配的要因となっている（Fitch Ratings 2020, p. 18）。ＥＳＧ要因の考慮が企業格付けに与える影響はまだ全面的なものにはなっていないとはいえ、こうした格付けの動きが顕在化していることからも分かる通り、大気汚染規制や炭素コストの上昇に影響を受ける業態は長期的には資金調達面での制約が大きくなるだろう。企業の社会的責任を巡る議論では「利害関係者の利害を重視すべき」と長い間指摘されてきたにもかかわらず、実効性が伴わないゆえに理想論を域を出なかったところがあるが、このように資金調達という企業の事業活動に直結する形で影響が及ぶようになったことは利害関係者の範囲の拡大という視点からも意味のある動きといえる。現実的に、顧客の要望とＥＳＧ要因やＥＳＧ投資と財務上のパフォーマンスの関連を示す多数の調査を受け、ＥＳＧ投資の財務メリットに対する投資家の意識と理解は高まっている。資金の出し手は誰かという視点（株主の属性）に立てば、利害関係者の多様な要望は一定の形になってきているといえるだろう。邦銀としても三井住友銀行が国外で先行して普及が進む「グリーン預金（環境預金）」の取り扱いを始める。これは二千億円をめどに企業や機関投資家から預金を募り、再生可能エネルギー発電など二酸化炭素（ＣＯ２）の排出削減につながる事業に絞った融資に充てるものである。[13] 気候変動への緩和策を取りつつ低炭素化を進める企業にとっては「低炭素化移行ファイナンス」が銀行融資を得られる有力な手法となり、また環境省も「ＥＳＧ地域金融」を主導し、地銀への利子補給を進めている。

一方、一七のゴール・一六九のターゲットから構成されるＳＤＧｓ（持続可能な開発目標：Sustainable Development Goals）は、二〇三〇年までに「持続可能でよりよい世界」を目指す国際目標として、二〇〇一年に策定されたミレニアム開発目標（ＭＤＧｓ：Millennium Development

Goals）の後継として二〇一五年の国連サミットで加盟国の全会一致で採択された「持続可能な開発のための二〇三〇アジェンダ」に記載された。

ＭＤＧｓは主として開発途上国向けの目標であったが、ＳＤＧｓは先進国も含めすべての国が取り組むべき普遍的目標として位置づけられており、それゆえにこれらの目標の達成は、各国政府による取り組みだけでは困難であると認識されている。

日本政府も「二〇三〇アジェンダ」序文において示されている五つのＰに従い、持続可能な開発の重要分野として、「人間（People）」、「繁栄（Prosperity）」、「地球（Planet）」、「平和（Peace）」、「連帯（Partnership）」に取り組む姿勢を表した。企業がＳＤＧｓに取り組むメリットとして、ビジネスチャンスの獲得や資金調達や企業戦略上の有利性確保、よい人材の獲得、企業への信頼性の向上／地域での信頼獲得などが考えられるが、ＳＤＧｓへの取り組みを明示することは、論点が多様化している社会的課題の解決に向けた企業の立場からの接近として理解することができるだろう。多くの企業でＳＤＧｓロゴを掲げてこれへの取り組みを示している場面を見ることも増えてきたが、手放しでこれを受け止めるのではなく、実態として利害関係者としての声が企業に届いているか、ＳＤＧｓへの取り組みが形而上の視点からのみ語られるのではなく、企業経営の実践上の課題解決に向けた具体的取り組みとして行われているか、充分に観察していく必要がある。

四　「営利性」と「社会性」との関係

企業と利害関係者との均衡を目指して

企業は利害関係者とどのように「均衡」した関係を構築できるのだろうか？

個々の利害関係者とある企業との関係を想定してみよう。ある一企業に対する個々の利害関係者は複数にわたり、しかもその属性は多様であるがゆえにその一企業に対する利害関係者相互の利害調整はそう簡単ではない。端的にいえば、そこには「営利性」と「社会性」とをいかにバランスさせられるかという問題が横たわっている。

企業が存続していく上での最重要課題である利害関係者の諸利害の均衡を企業経営においてどのように実現するかという命題に対し、何よりもまず必要なものは利害関係者との対話であろう。利害関係者との対話を通じて社会からの期待に応え（社会的即応性）、社会から信頼される事業を展開することが企業の持続的な競争力・収益力を高めると理解されるようになった。こうした点はＣＳＲの議論が注目されていく中で醸成され、指摘されてきた点であるが、企業目的をめぐる議論の主流は、会社の「有限責任制」と「法人格」から生じる責任負担のあり方をめぐる議論と「株主の権利」が強く謳われ、〝The business of business is business〟という意識の下で企業の営利性の面のみが強く主張されてきたところも否定できない。

他方、特に一九七〇年代以降、漸進的に企業の環境適応機能を働かせる対象の範囲や質は拡大・変容した（梅澤 二〇〇〇、三二六頁以下）。梅澤が指摘しているように現代の企業には市場で活動する単なる経済的存在として存立するために必要な環境適応機能のみが求められるのではなく、自然環境問題解決に向けた積極的な姿勢やマイノリティの問題、人権の尊重あるいは生命の尊厳に関わる事項等といった社会問題への適応を求められるようにもなってきている。事業の大規模化に伴い、事業活動の課題が社会的諸課題と連動するようになったがゆえに、企業にとっても自らとは異なる多様な他者との間で折り合いを付けながら物事を進めていくという姿勢が一層重要になった。現代の企業は従来よりも積極的かつ創造的に環境適応機能を果たすことを期待されており、企業の社会的役割を果たすためにも利害関係者との対話は事業遂行のための要件ともなっている。

ただし、企業経営の実践の場では、必ずしもうまくいっていない点も多々見受けられる。顧客重視を追求するあまり過剰な顧客サービスや残業を従業員に求めたり、株主への利益還元を重視するあまりに経費削減の圧力の下で取引先や従業員に悪影響が及ぶ場合もある。企業と利害関係者との「均衡」は、利害関係者間の利害が対立する中で、利害関係者の誰かが譲歩を余儀なくされる状態での「均衡」が保たれていることも多い。

利害多元的な関わり方

法人論の源流を辿り、社団の存在そのものが「教会」であったとの視点に立ち返れば、自然環境問題解決に向けた積極的な姿勢やマイノリティの問題や人権の尊重あるいは生命の尊厳に関わる事項等の課題解決に企業も積極的に向き合わなければならないとする意見は、現代の企業にとってもそう無関係な議論でもないようにも思える。

二〇一五年六月、ローマ教皇フランシスコは自身初めてとなる回勅[14]で「わたしたちの後に続く人々、また今成長しつつある子供たちのために、わたしたちは一体どのような世界を残していきたいのでしょうか」と問いかけた。回勅は第四章において環境問題と緊密に結びついた「人間的・社会的側面を明確に含む、統合的なエコロジー」を提案している。それは「わたしたちは、環境危機と社会危機という別個の二つの危機にではなく、むしろ、社会的でも環境的でもある一つの複雑な危機に直面しているのです。解決への戦略は、貧困との闘いと排除されている人々の尊厳の回復、そして同時に自然保護を、一つに統合したアプローチを必要としています」(Pope Francis 2015, 翻訳書、一二四頁)と、社会が自然との絶えざる相互作用の中にあることを指摘するものになっている。

またこの回勅とは別に、同年一〇月にはCOP21の参加国に向けたアピール文書が各大陸司教協議会連盟との連名で発表された。この中では、公正で法的拘束力があり、真に変化をもたらす条約の採択に向けて尽力することが強く要望され、また貧しく弱い立場にある市民に対する社会的不正義が気候変動と関連づけて捉えられている。

欧米企業や機関投資家がSRI（社会的責任投資）あるいはESG投資に注力しはじめた一つの契

機は、コフィー・アナン国連事務総長（当時）が二〇〇六年に提唱した「責任投資原則（ＰＲＩ）」であった。二〇二〇年現在、同原則に署名した機関は今では五〇カ国超、三千機関以上にのぼり、その合計資産は一〇三兆米ドルにまで拡大しているが[15]、教会系機関投資家のみならず、キリスト教の影響が大きい欧米諸国の企業が社会問題へ積極的に関わるような意識の背後には、この回勅の影響力もあったのかもしれない。

ＥＳＧやＣＳＲが機関投資家に重視され、これが企業評価に組み込まれるようになると、企業も財務情報だけでなく環境・社会・ガバナンスといった、企業の将来を左右する非財務情報も合わせて提供することが求められる。それゆえに財務報告書と社会的責任報告書を統合した「統合報告書」を通じて中・長期的な企業価値について投資家とコミュニケーションを図る企業も増加している。日本でも年金積立金管理運用独立行政法人（ＧＰＩＦ）がＰＲＩに署名している。

利害関係者の諸利害は企業経営のあり方によって影響を受ける。また、それゆえに利害関係者は企業経営に自己の利害を反映させるべく、影響を及ぼそうとする。どのような利害関係を想定しているのかはそれぞれの利害関係者の立場によって大きく異なるであろうが、少なくとも株式市場は企業との接点の一つとしても位置づけられるがゆえに、さまざまな属性を持つ株主という存在は今まで以上に企業にとって重要な利害関係者となり得るだろう。企業という存在はその性格ゆえに事業の収益面での継続性・向上性の追求を避けて通ることはできないが、そうであればこそ現代の企業は利害関係者との対話を通じて社会性と経済性とをバランスよく同時に追求することだけではなく、企業の目的とは何かという視点に立ちながら、より良い未来を創り出すことに寄与できるような事業展開を求められているのである。

（松田　健）

注

（1）高橋（二〇一六）に依れば、明確に「法人」という記述ではないものの、商事会社の原型ともされる租税徴収および公的事業の請負人組合であった「ソキエタス・プブリカノルム」に関する記録が紀元前二一五年頃の記録に残されており、この存在がローマの組合法発展に規定されたとされる。

（2）島村（二〇〇五a、一二―一三頁）に依れば「この闘争は天上の王国、地上の王国、聖俗の社会団体の理性的編成をめぐる闘争として、叙任権闘争において終息する性格のものではなく、それ以降も欧州の国家・社会思想史にその名を止めるすべての論者が当該の制度に直接、間接に論及してゆくことになる」。

（3）日本の法人学説整理において使われる「実在説」という表現はドイツでは「実在の団体人格説（Theorie der realen Verbandspersönlichkeit）」と表す。フランスでは実在説が社会学の強い影響を受け、一九世紀末のドイツにおいて始まったものとして理解されている。「法人否認説」もドイツ文献には名称自体が見受けられず、フランス文献にはその呼称（lestheoriesnegatricesdelapersonalite morale）が見られる。日本に法人否認説という法人学説の分類があるのはフランス文献を介してドイツ法人学説を継受した結果である。

（4）『ユスティニアヌス法典』は五三四年にローマ皇帝ユスティニアヌス一世が公布し施行された勅法集であり『ローマ法大全』の一部をなす。『旧勅法集』に対して『改訂勅法集』とよばれ、『ユスティニアヌス法典』と略称される。Meyer, E. (1975), *Römischer Staat und Staatsgedanke*, Zürich/München（鈴木一州訳『ローマ人の国家と国家思想』岩波書店、一九七八年）もあわせて参照。

（5）後藤（二〇一六）に依れば実在の団体人格説（実在説）についてはこれを有機体説（ギールケ）と組織体説（ミシュー、サレイユ）に二分でき、また土井（二〇一二）に依れば、法人実在説は「社会的作用説」を加え三つに大別できるとされる。「八幡製鉄政治献金事件」での最高裁判決においては、法人の実在を前提にした上でさらにその機能に着目し本質論を展開する「社会的作用説」が採用され、これが日本における現在の法人論の通説となっている。

（6） 原文はOtto Gierke, Das deutsche Genossenschaft, Bd. III, Die Staats- und Korporationslehre des Alterhums und des Mittelalters und ihre Aufnahme in Deuschland,Berlin 1881, S. 243f.

（7） 信託が大きな役割を担ったことについては、Maitland, F. W.（1904）, "Trust and Corporation" in Fisher, H. A. L.（ed.）, The Collected Papers of Frederic William Maitland, vol. III, Cambridge University Press, 1975.（森泉章監訳『信託と法人』日本評論社、一九八八年）に詳しい。

（8） ＮＰＯ団体オックスファムから二〇一五年一月に発表された世界の不平等に関する報告書「Richest 1% will own more than all the rest by 2016」など。

（9） Didorot, D. et D'Alembert, J. L. R.（1969）, L'Encyclopédie ou Dictionnaire raisonné des sciences, des art et des métiers, 5 vol., Readex Micorprint Corporation, p. 251.（桑原武夫編訳『百科全書—序章および代表項目』岩波文庫、一九七一年。）

（10） "You Are Stealing Our Future," Greta Thunberg, 15, Condemns the World' s Inaction on Climate Change.（https://web.archive.org/web/20190116235009/　最終アクセス日：二〇二一年七月一〇日、https://www.democracynow.org/2018/12/13/you_are_stealing_our_future_greta　最終アクセス日：二〇二一年七月一〇日）

（11） 例えばＥＵは二〇三五年にガソリンエンジン仕様車の新車販売禁止を打ち出した。『日本経済新聞』二〇二一年七月一五日付朝刊。

（12） 日本における「企業の社会的責任」、「Corporate Social Responsibility」ならびに「ＣＳＲ」の関係やＣＳＲ論史の通説的理解は百田義治「「企業と社会」論の基本問題」百田義治編著『現代経営学の基本問題』中央経済社、二〇二〇年を参照。

（13）『日本経済新聞』二〇二一年三月八日付朝刊。

（14） 回勅は序章から六章までの構成であり、大気、海洋、河川、土壌汚染、生物多様性の喪失、森林破壊、気候変動、砂漠化、山積された廃棄物など、人間活動が他者と全被造物とに与える影響に関する連帯と正義の観点からの考察である。さらにしわ寄せを被る途上国と将来世代に対して担うべき責任とは何かを問うている。

（15） United Nations Environment Programme Finance Initiative, "PRINCIPLES FOR RESPONSIBLE INVESTMENTPRI: brochure 2020（English）"（https://www.unpri.org/about-the-pri　最終アクセス日：二〇二一年七月一〇日）

第七章　企業と社会の関係における「重要な不一致」

――ズーハネクの理論を中心として――

一　重要な不一致と信頼の意義

本章では社会性を「社会から受け入れられているかどうか」と定義する。そして、特定の企業がその社会が持つ道徳観や倫理観に反しない目的で存在し行動をするのであれば、社会性を持った企業であるとみなすことができる。したがって、その社会が持つ道徳観や倫理観に反する目的を持つ企業は社会性を持たない企業であり、反社会的な存在、つまり社会から受け入れられない存在である。

人の集合体である社会で活動を行う企業が、社会性を持つことなく長期的に活動を継続することは不可能である。経営学史叢書第Ⅱ期のテーマにもなっている原理性、生産性、そして社会の構成員を筆者が図示したものが図表7―1である。

疑問が向けられているとはいえ、資本主義が否定されない現代社会において活動を行う企業の最上位の目標、即ち企業の行動原理（原理性）は収益性である。コロナ前の人手不足、過労死・過労自殺

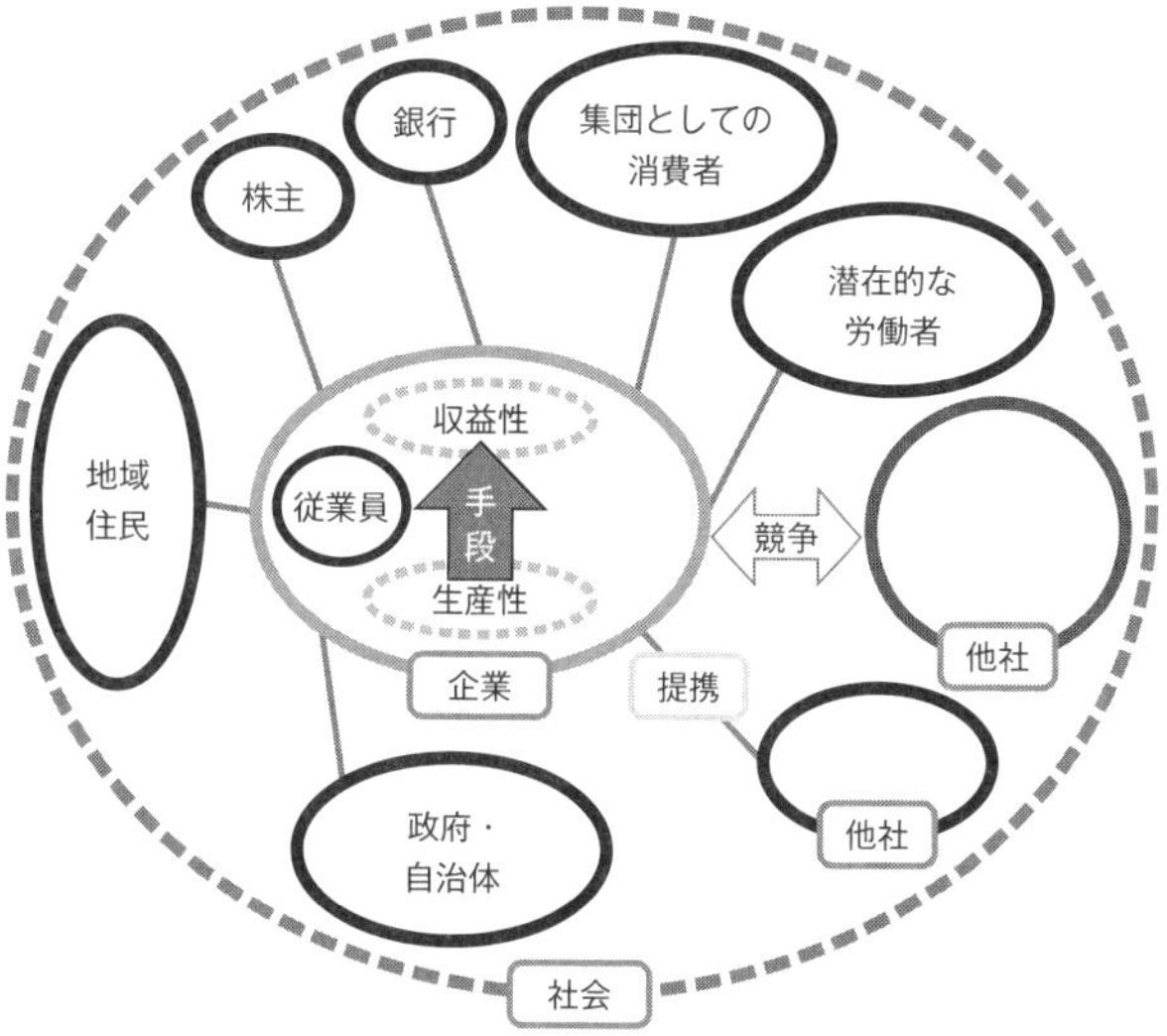

出所：著者作成。

図表 7-1　企業と社会

の社会問題化、そして政府主導の働き方改革によって、社会的に要請されていた生産性の向上は企業の収益性を確保あるいは維持するための手段であり、それは目的ではない。しかしながら、社会性を無視する、あるいは社会的に受け入れられない企業は存続できないのである。

なぜならば、図表7―1のように企業は、資本を提供する出資者（株主）、資金を貸し付ける銀行（債権者）、売上の源泉である消費者・顧客、将来、その企業で労働を行う可能性のある潜在的労働者[1]、競合関係にある他社、提携をしている他社、法律や条例を制定する行為主体である政府や自治体、そして企業が立地する地域住民などと良好な関係を構築することは非常に重要であるためである。社会性が無い企業は彼らと良好な関係を構築することはできない。

何が社会性を規定するのであろうか。そして、現代社会において社会性を無視した企業が長期的に活動を継続することは、なぜ困難なのであろうか。このような問いの答えを明らかにする手がかりをドイツの経済倫理・企業倫理（Wirtschafts- und Unternehmensethik）の分野において、「相互作用倫理（Interationsethik）」を提唱するアンドレアス・ズーハネク（Andreas Suchanek）の研究"Unternehmensethik: In Vertrauen investieren"（Suchanek 2015，翻訳書）[2]に求める。[3]

本章においては、「社会性」を検討する際に根源的な自由の問題について考察を行うとともに、企業と他の社会構成員の関係を維持するために必要となる「信頼」の重要性を明らかにする。その上で、この「信頼」を破壊する「重要な不一致」というフレームワークを考察し、「可逆性のない」我々の次元において「重要な不一致」を防止する方法とその意義、そして「重要な不一致」が起きた場合の治療について検討を行う。

ズーハネクは「お互いのメリットのための社会的協力の条件に投資せよ！（Investiere in die Bedingungen der gesellschaftlichen Zusammenarbeit zum gegenseitigen Vorteil!）」（*Ibid*., S.12，翻訳書、一二頁）という黄金律（Die Goldene Regel）を導き出す、あるいはそれを説明する際に「古代エジプトの知恵の教え」、「マハーバーラタ」、聖書の「マタイによる福音書」、そしてドイツ語の諺などに手がかりを求めている（*Ibid*., S.187，翻訳書、一七七頁以下）[4]。そして、ズーハネクは倫理学における基本的なメッセージ[5]は「ありふれたもの」であり、「子供のころに聞いたはずのもの」と主張する（*Ibid.*, S.3, 翻訳書、三頁）。その上で、「もしも、それらのメッセージを聞いていないのであれば、いずれにしても手遅れ」と述べている（*Ibid.*, S.3, 翻訳書、三頁）。本章における認識もズーハネクの認識に依拠したものとし、「子供のころ」やこれまでの生活の中で聞く機会のあったであろう神話、格言、寓話、諺は物事の理解を促進させるために必要な要素であると判断する[6]。

そして、ズーハネクは「両面価値的」という概念を度々使用している。具体的に、ズーハネクは自由、競争、イノベーション、道徳[7]、そして協働などがこの「両面価値的」に該当すると指摘する（*Ibid.*, S.6 ff., 翻訳書、六頁以下）。一般的には、良い[8]とされている概念であったとしても、その両面即ち良い面と悪い面双方を議論することによって、その本質を明らかにしている。

ズーハネクが指摘する「両面価値的」なもののリストには、NPOや公益法人、病院そしてボランティアという存在や、特定の分野における倫理観や「プロフェッショナル・オートノミー[9]」なども追加可能である[10]。規範倫理学からのみ企業それ自体や企業の行動原理を批判的に考察した場合、企業の利益追求が企業不祥事の根本的な原因であり、NPOや公益法人、あるいはボランティアであれば、そのような問題が引き起こされない、といった論理も見られる。しかしながら、島田（二〇〇五）において指摘されているようにNPOや公益法人であれば問題を起こさないわけではない[11]。また、本間（二〇一八）が指摘するように、コロナ以前の計画では一〇万人を超える人々を「『ボランティア＝タダ働き』という図式」（本間 二〇一八、一九六頁）で東京五輪に動員する計画が存在しており、「やりがい搾取」という批判が向けられた[12]。また、東京五輪に関しては、誘致以降度重なる不祥事が紙面を騒がした。

特定の分野における倫理観の「両面価値的」な面として以下の点を指摘したい。宇沢（二〇〇〇）[13]および（二〇一五）が「社会共通資本」としての「医療制度」を議論しており、その運用は「…医療にかかわる職業的専門家が中心になり、医学にかんする科学的知見にもとづき、医療にかかわる職業的規律・倫理に忠実なものでなければならない」（宇沢 二〇一五、二三六頁）と結論づけられている。しかしながら、我々はコロナ禍において日本医師会[14]や分科会に職業的倫理観や「プロフェッショナル・オートノミー」を感じたであろうか。

本章においては、「両面価値的」な概念について、その複雑性を議論した上で検討を進めていく。これによって、ズーハネクが主張するように倫理の命題は「ありきたりではない」（*Ibid.*, S.8, 翻訳書、九頁）ということを前提とした考察が可能となる。

二　社会と企業の信頼関係

神である主は言われた。「人は我々の一人のように善悪を知る者となった。さあ、彼が手を伸ばし、また命の木から取って食べ、永遠に生きることがないようにしよう。」（日本聖書協会『聖書　聖書協会共同訳』創世記／03章22節）。

自由と後悔

右の言葉は聖書の「創世記」の一節である。「良心の木」や「善悪の木」と訳される木の果実を食べたことによって、アダムとエバ、そしてその子孫である人は善悪を知った存在となったという「お話」である。これを信じるにしろ、信じないにせよ、私たちは善悪を（仮に自分勝手であっても）判断できる存在、言い換えれば自由な存在である。

この自由はどのようなものであろうか。ズーハネクは自由を議論し、「人間の自由」を「企業倫理をも含む倫理の出発点」と定義しており（*Ibid.*, S.38, 翻訳書、三六頁）、その一方で「両面価値的」で「コンフリクトの源泉」にもなり得ると指摘し（*Ibid.*, S.6, 翻訳書、六頁）、自由の価値に人が気付くのは制限の危機に瀕してからだ、と述べている（*Ibid.*, S.38 f., 翻訳書、三七頁）。そして、ズーハネクは行為主体がさまざまな状況下において、（主観的にではあるが）「何が正しくて何が正しくないのか」を考えており、そこでは「道徳的判断能力」を使用していることを指摘する（*Ibid.*, S.8, 翻訳書、九頁）。

行為主体の「道徳的判断能力」の使用を前提とした上で、ズーハネクは「しかしながら、なぜ人は責任あるふるまいをするべきなのか？」という問いを検討している（*Ibid.*, S.176, 翻訳書、一六六頁）。そこでは後悔が重要な役割を果たすことになる。ズーハネクは行為者に後悔を思い起こさせる事柄として、罪悪感などを挙げている（*Ibid.*, S.176, 翻訳書、一六六頁）(15)。先の聖書のエピソードを踏まえれば、神に禁止されていた木の果実を食べたことにより、何不自由なく生活することができた楽園を追放され、「原罪」を与えられた。予めその結果を知っていれば、おそらくアダムやエバは果実を食べなかったであろう。これは「お話」としてだけではなく、個人的な犯罪行為や経営者主導の組織犯罪においても同様に「逮捕されたり、それが報道されたり」したくないのであれば、そのような行動はするべきではない、という説得にも有効である[16]。

自由と無責任なふるまい

我々にはどのような自由が存在するのかを考えるために、自給自足で生活している場合を除いて、すべての人々が体験可能な行為主体としての消費者の観点から検討を行う。現在の日本において生活を行う消費者は誰かに強制されて、日本国内産（国産）の商品を買わなければならないわけではない。

ズーハネクは「現実に存在した社会主義」におけるエピソードを紹介している（*Ibid.*, S.38, 翻訳書、三六頁）。その中では、「共産主義の世界革命」が終われば、イチゴが好きではない人もイチゴが好きになると主張する講演者（同志）が登場する。「両面価値的」な自由に価値を見出す多くの人々にとって幸いなことに、未だに「共産主義の世界革命」は実現していない。したがって、我々は嫌いな食べ物を権力によって食べるように強制されることもなければ、（時には引きつった笑顔で）嫌いな食べ物を「好きだ」と言わされることもない[17]。

そして、ズーハネクは中央集権による経済は倫理的な問題を内包していることを指摘する。つまり、前述した黄金律の一部である「お互いのメリットのための社会的協力」や信頼への投資を阻むという問題である。なぜならば、中央集権による経済は個人の自由だけではなく本質的に重要な経験的な枠組みが適切に考慮されないためである（*Ibid.*, S.241）。

さらに個人の自由について言及するために、二〇二一年前半、中台関係悪化を背景に中華人民共和国（以下、中国と表記）が台湾からのパイナップルを規制した際の事例を用いる。その結果、行き場を失った台湾産のパイナップルが日本の市場で見られるようになった。特に、東日本大震災以降の良好な日台関係により、Twitterをはじめソーシャルネットワークサービス（social network service：以下ＳＮＳ）を中心にインターネット上でも台湾産の購入が呼びかけられた。しかしながら、それに賛同するのも賛同しないのも個人の自由なのである。

これらのエピソードは、現在においてもなお社会主義あるいは脱成長が誰の不幸か、実現しない理由を端的に示したものであるといえる。我々は気に入らない経営者が率いる企業の商品を買う義務もなければ、気に入らない芸能人がコマーシャルをしている企業の商品を購入しなければならないわけではない。「両面価値的」であったとしても自由を持っているためである。

近年、ＥＳＧ投資や持続可能な開発目標（Sustainable Development Goals: SDGs、以下ＳＤＧｓ）という概念が注目を集めている。前者は環境（environment）、社会（social）、そして企業統治（governance）を投資基準とする行動であり、欧州および米国で投資額が急増している。後者は二〇一六年から二〇三〇年までの目標を定めた行動指針であり、ミレニアム開発目標（Millennium Development Goals: MDGs）からアップグレードされ、「働きがいも経済成長も」という経済成長も肯定した目標を含む一七の目標と一六九のターゲットからなる。一部では、マルクス史観に基づいて「SDGsはまさに現代版『大衆のアヘン』である」（斎藤 二〇二〇、四頁）という批判も存在するものの、多くの企業や自治体がSDGsに取り組んでいる[18]。

かんぽ生命はホームページ[19]でESGへの投資に関する指針を提示し、石炭火力発電に投資を行わないこと明らかにしている。その一方で、SDGsへの取り組みをホームページ[20]で明記し、Q&Aで「服の生産過程でどのような人権・労働環境への配慮をしていますか?」という質問に対する回答として、「取引先工場のモニタリングと調査」および「サプライチェーンの人権・労働環境の尊重について」という項目を設定しているユニクロは、中国の新疆ウイグル自治区における強制労働に関する疑惑に関して「人道に対する罪の隠匿」でフランス捜査当局より捜査を受けている。

ここで一つの疑問が湧いてくる。メガバンク三社（三井住友銀行、三菱UFJ銀行、そしてみずほ銀行）よりも環境基準として厳しい投資基準を提示しているかんぽ生命のほうが、メガバンク三社よりも評価されるのであろうか。対照的に、世界的に注目されている大量殺戮（ジェノサイド）への広義の意味での関与を疑われているユニクロは、この件を通じてイメージを落としたのであろうか。

自由は「両面価値的」であるため、無責任にふるまう自由も持っているのである。それは企業だけではなく、消費者も同様に「人道に対する罪の隠匿」の疑惑で捜査されている企業の商品を購入する自由もあるのである。

自由に対する制限

自由はどのような場合に制限されるであろうか。コロナ禍において、「両面価値的」な自由の制限が度々議論される。しかしながら、制度を規定したとしても完全に「個人の自由」を制限できるわけではない。ズーハネクは「個人の責任を制度によって置き換えることはできない」と主張する（*Ibid*., S.14. 翻訳書、一五頁）。コロナ禍によって、東京都では複数回の緊急事態宣言が発出された。その際、アルコールを提供する店舗の減少あるいは、時短営業を余儀なくされた東京都から県境を越えて飲酒を行う人々の様子は記憶に新しい。制度を構築すれば個人を責任ある行動に誘導できるわけではないのだ。

中央集権体制ではない民主的な社会主義の議論が存在するものの、特定の国の中に一部の商品しか購入できない地域と、多くの商品が購入できる地域が共存していた場合、一部の商品しか購入できない地域に居住する人々が、多くの商品が購入できる地域に移動して、商品を購入する場合があることを考えれば、貧富の格差を自由を維持しながら完全に無くすことは不可能である。

以上の議論とは対照的に、ズーハネクにおいては「自分の目標達成の障害」も議論されている。即ち、自分自身に起因する自由を制限する要因である。ズーハネクは、資金や時間の不足、目標を達成するために必要となる手段が希少であること、必要となる情報や技術が手元にないこと、調整が不調なことや不足していることなどを挙げている（*Ibid.*, S.43, 翻訳書、四一頁）。

三　信頼関係を破壊する「重要な不一致」

「望ましくない協働」の概念と境界線

ズーハネクの提示する「重要な不一致」を理解するためには、自由を同様に「両面価値的」な協働という概念についても定義を行う必要がある。協働という概念は一般的には「両面価値的」であるにもかかわらず、良い面が強調される。[21]

しかしながら、ズーハネクは「あらゆる協働が社会的に望ましいわけではない」ことを主張し、「望ましくない協働（Unerwünschte Kooerationen）」の形態として、組織的犯罪としてのマフィア、カルテル、腐敗・汚職、そして不法就労などを挙げている[22]（*Ibid.*, S.124 f., 翻訳書、一二三頁以下）。

より具体的なイメージを共有するために、日本で社会問題となっている振込詐欺グループ（特殊詐欺）を事例に考察を行う。海外のマフィアと同様に組織犯罪である振込詐欺グループにおいても分業が図られており、犯罪のための原資を調達する者、その資金で携帯電話やスマートフォンを入手する者、違法な手段で口座を用意する者、電話をかける者、そして振り込まれた現金を引き出すあるいは直接現金を受け取りに行く者が存在する。犯罪組織構成員である彼らの間にも指揮命令系統は存在し、場合によっては他の組織形態よりも綿密なコミュニケーションが行われ、協働の一形態として機能をしている。また、詐欺行為で得た資金を次の犯罪行為に回すのであれば、資本の循環も存在することになる。しかしながら、その目的が他者を傷つけることを前提としているため、「望ましくない協働」であり、反社会的と指摘できる。

振込詐欺グループが反社会的なのは目的の不当さから導き出されるものであり、法令に違反しているから反社会的なのではない。もしも、法律に違反しているという一点でのみ、社会的か反社会的なのかが分かたれるのであれば、サービス残業が繰り返され労働基準法に違反する多くの企業や自治体は反社会的な企業や反社会的な自治体として認識されなければ、整合性が取れない。

信頼と「重要な不一致」

先に明らかにした「望ましくない協働」が明らかになると企業に向けられる信頼が減退することになる。そもそも信頼とはどのようなものであろうか。ズーハネクは前掲書の「日本語版への序」において、我々は「お互いの信頼をよりどころ」にして生活が成り立っていることを指摘している（*Ibid.*, 翻訳書、一頁）。その上で、企業の持続的な成功には信頼が極めて重要であること指摘している（*Ibid.*, 翻訳書、一頁）。その際、信頼もまた「両面価値的」であり、必ずしもよい信頼のみが存在するわけではない。なぜならば、犯罪組織であったとしても組織構成員の間で強固な信頼関係が存在するためである。

ズーハネクは「正当な信頼期待」を裏切ることを「重要な不一致（relevante Inkonsistenz）」と定

義し、この不一致は「避けられるべき」と主張する（*Ibid.*, S.10, 翻訳書、一〇頁）。そして、ここでも重要なのは信頼期待には、「正当な信頼期待」と「正当ではない信頼期待」、あるいは「ナイーブな信頼」が区別されることにある。ズーハネクは「ナイーブな信頼」を「度が過ぎる」と指摘し、その具体例として、二〇〇八年に発生した金融危機や主観的に見るからに怪しい誘導表示などを挙げている（*Ibid.*, S.122, 翻訳書、一一一頁）。「正当ではない信頼期待」、そして極端な形での「ナイーブな信頼」は実現しない。

その一方で、ズーハネクによれば、「重要な不一致」が発生することで、端的には「信頼を危うくしうる」、より具体的には信頼をする側と信頼をされる側の望ましい協働を危険にさらすことになると指摘する（*Ibid.*, S.97, 翻訳書、九七頁）。拙稿（岡本 二〇二〇）において明らかにしたように、過去の行為の結果としての現在が存在している。ズーハネクにおいては、「時間次元における行為」が議論されている（*Ibid.*, S.132 ff., 翻訳書、一二一頁以下）。この枠組みにおいては、行為の条件①のもとで行為①が行われる。その結果として行為の帰結①が生まれ、行為の帰結①は行為の条件②を形成する。ズーハネクによれば、行為は常に時間の中に埋め込まれたものであり、目の前の具体的なシチュエーションは過去の結果として生まれたものである（*Ibid.*, S.132, 翻訳書、一二一頁）。

したがって、行為①において「正当な信頼期待」を裏切るような行為、つまり「重要な不一致」を発生させると、当然のことであるけれども、行為の条件②は「重要な不一致」が起きたことが前提となる。即ち、多くの場合では信頼が破壊された状態で図表7―1が示す社会の構成員と関係を構築しなければならない。

ズーハネクは持続可能性という概念を議論する際に、「その後どうなる？」という問いが重要であることを指摘している（*Ibid*., S.161, 翻訳書、一四九頁）。行為①で「重要な不一致」を起こした場合、それまで企業の株式を保有していた株主はそのまま株式を保持したままであろうか、銀行などの債権者は融資を継続するだろうか、企業内の従業員はそのままその企業にとどまるであろうか、潜在的な労働者はその企業に就職あるいは転職するだろうか、これまで商品やサービスを購入していた消費者はそのまま商品やサービスを購入し続けるであろうか、提携していた企業はこれまで通りに提携を維持するであろうか、そして地域住民との関係はどのようなものになるであろうか。

ズーハネクが指摘するように、「その後、どうなる？」を事前に考えるのであれば、「重要な不一致」を起こすべきではない、と結論づけることができる。

「重要な不一致」と「重要ではない不一致」

では、どのような行動が「重要な不一致」なのであろうか。ズーハネクは「重要な不一致」の例として、人権侵害、搾取的な児童労働、大規模かつ組織ぐるみの腐敗・汚職、従業員の正当な要求の無視、そして第三者に重大な危険を引き起こすことなどを挙げている（*Ibid*., S.99 f., 翻訳書、九九頁および *Ibid*., S.294, 翻訳書、二五六頁）。(23)

しかしながら、ズーハネクは「重要な不一致」と「重要ではない不一致」を区分するものの、「簡単には規定できないような不一致」（*Ibid.*, S.293, 翻訳書、二五六頁）の存在も示している。当然のこととして、普段の生活においても不一致は存在する。ズーハネクによれば日常生活においても、約束が守られないこと、ルール違反などが不一致に該当する（*Ibid.*, S.98, 翻訳書、九七頁）。

「不一致が重要となるか否かを決定する境界が不明確」であることに基づいて、この区分が困難であることをズーハネクは指摘し（*Ibid.*, S.293, 翻訳書、二五六頁）、境界が不明確な不一致として、ドイツにおいて一九九九年まで存在した国外での賄賂を制度的に控除可能であった事実、虚偽情報との境界が不明確な「利益調整」、広告で見られる誇張表現、そして独裁者への贅沢品の販売などを挙げている（*Ibid.*, S.294, 翻訳書、二五六頁）。[24]

「利益調整」や誇張表現においては、ズーハネクが引用しているアルバート・Z・カー（Albert Z. Carr）の "Is Business Bluffing Ethical" というタイトルの論文からも議論可能である。無論のこと、詐欺行為に該当する虚偽情報や過度な誇張表現は倫理的ではない。しかしながら、カーの論文のタイトルにもある「ビジネスの駆け引き」に該当すると社会が許容するような企業の行動は多々存在する。

これらの問題を議論する際には、社会の構成員（各行為主体）の持つ「ゲームの理解」という概念が重要な役割を果たすことになる（*Ibid.*, S.17 ff., 翻訳書、一八頁以下）。この「ゲームの理解」に反する企業の行動は仮にそれが、法律やルールに違反しないものであったとしても、社会の構成員から批判を受けることになる。[25]

四　「重要な不一致」を乗り越えるために

炎上というリスク

現代企業のリスクの一つに炎上がある。近年では、経営者の言動や企業体としての行動が社会から批判されることで企業が炎上のターゲットになる。とりわけ、「重要な不一致」に該当する経営者の言動や企業の行為があった場合には、炎上に発展する。かつては個人間の口コミやマスメディアが独占していた企業への批判は、Twitterをはじめとする SNS の発達や、マスメディアが「重要な不一致」を繰り返した結果、マスメディアへの信頼が低下したことで、その様相は一変した(26)。

また、企業の広報としても SNS を利用する結果として、この炎上は企業のリスクとなっている。その際、炎上に伴い多くの場合、違法行為あるいは違法行為とそうではない行為の境界線上に位置するような行為、即ちクレームの電話（いわゆるイタ電を含む）、SNS や YouTube などの動画プラットフォーム上での批判や行き過ぎた場合には誹謗中傷、そして不買運動にまで発展するケースがある。

仮に、企業が社会的に問題ある行為をしたとしても、迷惑行為を含む違法行為を行うべきではない、という道徳的な理想が存在する場合でも、そのような行為によって受けた損害を補償する方法はほとんど存在しない。以上のような意味合いでも炎上をリスクとして認識する必要がある。

「重要な不一致」の予防

「重要な不一致」を起こすべきではない、という命題は必ずしも有効ではない。ズーハネクによれば、グローバルに展開する巨大な多国籍企業では、このポテンシャルを持たない企業は存在しない(*Ibid.*, S.317, 翻訳書、二七五頁)。そのような巨大企業には数万人あるいは数十万人の従業員が存在し、そのすべてを本社が管理することは現実的ではなく、また従業員の行動監視は人権侵害という別の「重要な不一致」を引き起こすことになる。さらに、グローバルに広がるサプライチェーンの中に一切のポテンシャルが存在しない状態を構築することも不可能である[27]。

ズーハネクは重要な不一致を予防する方法として「意図」、「徳」、そして「促進的な制度構造」を挙げる(*Ibid.*, S.304 ff., 翻訳書、二六七頁以下)。とりわけ、「意図」は企業が自らの理想像を示し、企業の構成員を方向付けることによって企業文化にまで発展させることを意味する(*Ibid.*, S.304, 翻訳書、二六七頁以下)。

これらの措置は「セルフコミットメント」としての意味合いが強い。ズーハネクによれば、「セルフコミットメント」とは、「誘惑のある選択肢」を利用することの放棄を意味している(*Ibid.*, S.50, 翻訳書、四九頁)。我々の生活する社会においては、数限りない誘惑が存在する。企業にとっても業績が厳しい局面において、「誘惑のある選択肢」が経営者の脳裏を全くよぎらない、という仮定は現実的なものではない。しかしながら、そのような誘惑に負けてしまった結果、誤った意思決定を行い、「重要な不一致」を発生させた企業や個人は数多く存在する。その意味において、「セルフコミットメント」は「重要な不一致」を防止する有効な手段である。

信頼関係を回復させる方法とその責任

上述したような予防あるいは予防策を講じたとしても、「重要な不一致」を起こさない、ということは不可能である。したがって、ズーハネクは「重要な不一致」を治療する方法とその責任を提示している。ズーハネクの提示する治療の方法は決して特別なものではない。ズーハネクは治療の方法として「現実から逃げないこと」、「自分の価値を確認すること」、その不一致が「意図していなかった」と明確に示すこと、補償、明確な謝罪、そして、「素早い反応」を挙げる（*Ibid.*, S.317 f., 翻訳書、二七五頁以下）。

そして、そのような不一致の発生に際しては、企業のトップマネジメントや責任ある立場の管理者がそれに対処することが非常に重要と指摘する（*Ibid.*, S.317, 翻訳書、二七五頁）。このような対応が「重要な不一致」を治療し、信頼を回復させ、ひいては社会性を維持することにつながる。

五　企業の社会性における信頼の構築に向けて

まとめ

本章では社会性を「社会から受け入れられているかどうか」と定義し、それを破壊する要因としての「重要な不一致」に焦点を当てた。そして人間の自由は「両面価値的」であり、他人から強制されて商品やサービスを購入するのではなく、信頼が重要な役割を果たし、この信頼を破壊する「重要な不一致」が発生すると、それまで積み上げてきた信頼は大きく傷つき、それ以降の行為の前提となる行為の条件を行為主体にとって不利なものにする可能性が内包されている。ズーハネクが指摘するように、「その後、どうなる?」という問いを考えれば、可能なかぎり「重要な不一致」を起こすべきではない、と結論づけることが可能である。

明確な「重要な不一致」としては、人権侵害、搾取的な児童労働、大規模かつ組織ぐるみの腐敗・汚職、従業員の正当な要求の無視することなどが該当する。その一方で、巨大企業において不一致は限りなく発生し、状況によってはそれが「重要な不一致」となる場合が存在する。グローバル化した経済下で活動する企業のサプライチェーンのどこかで重大な人権侵害、搾取的な児童労働、そして従業員の正当な要求を無視することなどが全く発生しない、と断言することは困難である。厳しい経済環境下で活動を展開する企業には、短期的には魅力的とも思えるような選択肢が多々存在する。しかしながら、そのような選択肢の一部を選んだ場合には後悔が行為主体を苦しめることになる。したがって、「セルフコミットメント」によって、そのような選択肢を放棄することはある程度有効な手段である。

そして、もし「重大な不一致」が発生したならば、企業のトップマネジメントや責任ある管理者がその問題の対処に当たるとともに、その治療を行うことが非常に重要となる。ズーハネクも指摘するように、「素早い反応」や補償、明確な謝罪は有効な手段である。

「時間次元における行為」のフレームワークを用いれば、行為①で「重要な不一致」を起こし、その結果としての行為の帰結①が、次の行為の条件②は「重要な不一致」を起こしたという事実が反映されたものとなる。その際に、行為②において適切ではない行動をとれば、行為の条件③はより厳しいものとなる。時期を逸することによって、行為の条件がより厳しくなる前に治療を行う責任を企業のトップマネジメントや責任ある管理者は負っているのである。

このことは社会性を持つ企業として、持続的に社会で活動を行い続けるためには欠かすことのできない視点である。

今後の展望

最後に、社会性という本書のテーマに関連した今後の展望に紙面を割きたい。「重要な不一致」として最も理解しやすい人権問題に関連し、二〇二一年七月時点では、中国の新疆ウイグル自治区における問題が欧米各国から厳しい批判にさらされている。とりわけ、米国現地時間七月一四日には、「ウイグル強制労働防止法案（The Uyghur Forced Labor Prevention Act）」[28]が米国上院議会において全会一致で通過した。

この法案の第三条一で、特に新疆ウイグル自治区で生産された商品等の輸入を米国の政策として禁止（同法第三条一）するだけではなく、第三条二で新疆ウイグル自治区において採掘あるいは、製造された商品等の輸入を減らすことを国際社会に推奨することが明記されている（同法第三条二）。また、同法第四条において、禁輸の適応対象外とするためには、「明確かつ説得力のある証拠（clear and convincing evidence）」（同法第四条二）の提出が求められる。この証拠という概念にも両面から批判的に検討が行える。一方において、中国当局が新疆ウイグル自治区での独立した調査を認めるのか、という問題が存在し、他方でどの程度の「明確かつ説得力」があれば、米国当局がそれを認めるのか、という問題である。中国当局が調査を認めると考えるのも、米国当局が証拠を認めると考えるのもナイーブな信頼である。

今後は、より一層日本企業もさまざまな対応を迫られることは想像に難くない。ソ連・東欧の社会主義国崩壊以降のグローバリズムによって、サプライチェーンの一部あるいは原材料の調達に発展途上国の工場や生産が組み込まれ、中国産の原材料、特にウイグル綿（新疆綿）はファストファッションにおいても欠かすことのできない存在となっているためである。その際、新疆ウイグル自治区産の原材料などの使用を停止することで、巨大な中国市場へのアクセスが難しくなるというジレンマも存在する。

すでに、カゴメは新疆ウイグル自治区で生産されるトマト、ミズノは新疆綿の調達を中止することを発表した。本章で議論した「セルフコミットメント」を実現したのである。その一方で、良品計画は今後も新疆ウイグル自治区産の新疆綿の使用を表明している[29]。価値判断を伴わず、このような選択を迫られた企業の行動によって「重要な不一致」を発生させるのか、そして「重要な不一致」となった場合には、企業の社会性にどのような影響を与えるのか、あるいは企業のトップマネジメントはどのように行動したのか、については継続して、検討を行っていく必要がある。

また国内に目を向ければ、二〇二一年六月には、不法滞在の状態となっていた海外出身労働者の身分証確認を怠ったUber Japanの法人それ自体、(元)代表、そしてコンプライアンス担当が書類送検された[30]。環境、社会、そしてガバナンスの観点から投資を行うESG投資を謳う機関投資家や個人投資家であれば、親会社であるUberは投資対象から外すのだろうか、あるいは外すべきなのであろうか。

今後は、「重要な不一致」の境界に関するさらなる検討と、その境界線の移動に関しても、現代的な課題であり、倫理的な問題を多分に内包し、人権侵害という「重要な不一致」を引き起こすポテンシャルを持つ「LGBTQ+[31]」の雇用問題とも関連づけて考察を行う。

(岡本 文彦)

注

(1) 企業に雇用されている従業員は被雇用者であり、企業内部に存在する。

(2) これ以後、同書を引用する際には原著と訳書両方の該当箇所を明記する。また、翻訳書は紙面の都合上、原著者と協議の上、原著の "Kapital 10: Märkte als Kontexte von Unternehmen" (S.237からS.250) を割愛している。しかしながら、本書のテーマである「社会性」を議論する際には、当該箇所の "10.2 Ist eine Zentralverantwaltungswirtschaft eine relevante Alternative?" に言及する必要を認めるため、この部分を引用する。その際、原著のみの表記となる。

(3) ズーハネクの研究に手がかりを求めた筆者の研究としては、岡本(二〇一六)、「コーポレート・ガバナンスと企業倫理—

ズーハネクの研究を中心として―」『研究紀要』(高松大学)第六四・六五号、一―二〇頁。岡本(二〇一七)、「企業の責任と企業の利益獲得―A. ズーハネクの研究に依拠して」『商学論究』第六四巻第三号海道ノブチカ博士記念号、二二五―二四二頁。岡本(二〇一九)、「企業の責任とステークホルダーの期待―ドイツ経済倫理・企業倫理の観点からの一考察―」『研究紀要』(高松大学)第七一号、一―一五頁。岡本(二〇二〇)、「『持続可能』の概念と企業―『持続不可能』を導く短絡思考についての一考察―」『研究紀要』(高松大学)第七三号、一―一二頁がある。

(4) また、倫理に向けられる批判を検討する際に、「ぜいたく(Luxus)」というメタファー(metaphor、暗喩)を使用している(Ibid., S.4 ff., 翻訳書、四頁以下)。

(5) ズーハネクは基本的なメッセージとして、「礼儀正しく、正直であれ!」、「責任感を持って行動せよ!」、そして「公益に仕えよ!」などを挙げている(*Ibid.*, S.3, 翻訳書、三頁)。

(6) この点に関しては、ユヴァル・ノア・ハラリ著/柴田裕之訳(二〇一六a)、『サピエンス全史(上) 文明の構造と人類の幸福』河出書房新社、およびユヴァル・ノア・ハラリ著/柴田裕之訳(二〇一六b)、『サピエンス全史(下) 文明の構造と人類の幸福』河出書房新社に登場する「虚構」という概念とも関連している。

(7) 道徳それ自体が「両面価値的」あるいは他者に損害を与える場合というのは、ズーハネクの「規範主義的な短絡思考」を用いて説明することができる。ズーハネクによれば、「規範主義的な短絡思考」は道徳的な理想にのみ基づき、信頼されている側が置かれている経験的な条件が適切に考慮されない判断や要請をもたらす短絡思考である(*Ibid.*, S.183 f., 翻訳書、一七四頁以下)。拙稿(岡本 二〇二〇)で考察を行ったように、このような短絡思考に基づく要請は、それを受け入れたとしても長期的に持続させることは困難である。

(8) 本章においては「正しい」をあらゆる場合において価値が変わらない絶対価値、「良い」を時と場合によって価値が変化する相対価値として把握し、議論を行うため、「正しい」という用語を使用しない。

(9) この単語に関しては、日本医師会ホームページには、「基本的事項№5『日本医師会と医の倫理向上への取り組み』」(森岡恭彦)(https://www.med.or.jp/doctor/member/kiso/k5.html 最終アクセス日:二〇二一年七月一八日)より引用。

(10) 対照的に本来の意味とは異なる形で定着してしまった言葉も存在する。「社会主義」、「共産主義」、あるいは「トラストミー」や「マニュフェスト」は後述する「時間次元における行為」のフレームワークで議論した場合、過去の行為主体のふるまいによって共通のイメージが定着したと指摘できる。

(11) 島田(二〇〇五)、一七二頁以下。

（12）本間（二〇一八）、八八頁以下には、本間が「東京都オリパラ準備局の広報担当と電話で」話したエピソードが掲載されている。その内容はその担当者がボランティア＝無償という意味合いで理解をしていたというものであった。

（13）宇沢（二〇〇〇）、一六八頁以下。

（14）すでに示した日本医師会ホームページを参照のこと。

（15）後悔というフレームワークで議論を行う際に、過ちを犯した行為者に後悔をもたらすものは、必ずしも、法律によるものばかりではない。ズーハネクも非常に大きく、そして単純な金融詐欺に手を染めたバーナード・マドフ（Bernard Madoff）の息子が自裁したことを例に挙げている（Ibid., S.177. 翻訳書、一六七頁）。中世ではない現在、罪を犯した者の家族までがその責を負うべき、という考え方は否定されるべきものである。しかしながら、この帰結をマドフが予め知っていたら、犯罪行為を思いとどまったのか否か、については後悔というフレームワークの範疇である。

（16）二〇二一年七月一四日に公開された「開会式・閉会式　東京２０２０大会開閉会式４式典共通コンセプトならびに東京２０２０オリンピック開閉会式コンセプトを発表」（二〇二一年七月一四日公開）（https://olympics.com/tokyo-2020/ja/news/news-20210714-03-ja　最終アクセス日：二〇二一年七月一八日）には、「Composer 小山田 圭吾」という表記があり、彼自身の過去の言動により「東京五輪にふさわしくない」という批判が向けられている。この事例においても、批判を受けることが分かっていれば、過去の行為（問題視されている行為）や以降の言動（雑誌でのインタビュー）を行わなかったのか、については後悔のフレームワークで議論が可能である。

（17）これは必ずしも中央集権的な体制のもとでのみ発生する事態ではない。

（18）どのような企業が取り組んでいるのかに関しては、日本外務省ホームページの「JAPAN SDGs Action Platform」、「取組事例」（https://www.mofa.go.jp/mofaj/gaiko/oda/sdgs/case/org1.html　最終アクセス日：二〇二一年七月一五日）を参照のこと。

（19）かんぽ生命のホームページの中の「ＥＳＧ投資」（二〇一九年五月一日公開）（https://www.jp-life.japanpost.jp/aboutus/csr/responsible_investment/esg.html　最終アクセス日：二〇二一年七月一五日）においては、「特定セクターに対する取り組み」の項目で「石炭火力発電はＣＯ２を多く排出し、気候変動への影響が懸念されることから、発電効率に関わらず、これに係る、国内外の新規のプロジェクトファイナンスへの投資を行いません」と明記されている。

（20）ユニクロのホームページの「ユニクロとＳＤＧｓ」（https://www.uniqlo.com/jp/ja/contents/sustainability/sdgs/　最終アクセス日：二〇二一年七月一五日）という項目がある。

(21) スタンドプレーとチームプレーという概念においても同様の複雑性が存在していると指摘できる。チームを前提に成功と失敗の二つで議論した場合、チームプレーで成功するということが最も評価されると仮定する。では、その次に評価されるのは、スタンドプレーで成功することか、それともチームプレーで失敗することなのか。

(22) ズーハネクはそれ以外に、人身売買や映画やドラマなどを不法にアップロード、あるいはダウンロードする行為、企業における縁故採用、そして経営者と会計士との間で継続的に行われる偽装工作を挙げている（*Ibid.*, S.124 f., 翻訳書、一一三頁以下）。

(23) 単なる児童労働ではなく、搾取的な児童労働となっているのは、ズーハネクによれば、特定のケースや特定の地域においては、未だに児童労働がセカンドベストの対案として存在していることに起因する（*Ibid.*, S.184, 翻訳書、一七四頁）。

(24) ズーハネクは「軍備の輸出」は明確に道徳的な価値に違反すると指摘している（*Ibid.*, S.294, 翻訳書、二五六頁）。しかしながら、直接的な軍備の輸出に関しては法律違反になることは当然のこととしても、兵器、とりわけミサイルの制御装置あるいは運搬手段などに転用が可能な電子機器や運搬車両などの輸出は境界があいまいな不一致と指摘することができる。

(25) その際重要となるのは、岡本（二〇一六）においても言及したように、ゲームの理解が間違いであると後で判明したとしても企業が被った損害は回復しない、ということである。

(26) マスメディアがこれまでに起こした「重要な不一致」についての考察は、稿を改めて行う。

(27) 東京五輪において、多くの国から関係者が来日する。そのような国際的なビッグイベントにおいて、わずかでも問題が発生しない、と断言できる人間は存在しない。

(28) 詳細な条文に関しては、https://www.congress.gov/（最終アクセス日：二〇二一年七月一八日）にアップロードされているＰＤＦ（https://www.congress.gov/117/bills/hr1155/BILLS-117hr1155ih.pdf　ダウンロード：二〇二一年七月一八日）を参照のこと。

(29) 良品計画のホームページの「ニュースリリース」、「無印良品の綿とサプライチェーンについて」公開日：二〇二一年四月一四日（https://ryohin-keikaku.jp/news/2021_0414.html　最終アクセス日：二〇二一年七月一六日）では、「無印良品は、インド、中国、トルコ、アメリカを含む世界各地からオーガニックコットンを調達しています。」と説明し、「無印良品の綿を栽培する新疆地区の約５０００ヘクタールの農場等については、畑や作業者のプロフィール、人員計画を把握し、栽培スケジュールに合わせて第三者機関を現地に派遣し、昨年も監査を行っています。これまでの監査において、法令または弊社の行動規範に対する重大な違反は確認しておりません」としたうえで、今後も調達を続けることが示されている。

(30) 報道の時期によって、「代表」と「元代表」という表記のブレが存在したため、「(元) 代表」と表記した。

(31) 「LGBT」という表記では、"Questioning" や "Queer" と呼ばれる性的指向や性自認が定まっていない人や、それに疑問を抱く人が除外されるだけではなく、今後もさらに認められるべき人々が除外されてしまうという懸念を反映し、「LGBTQ+」という表現を行う。

参考文献

（原著を参照した邦訳文献は原則として「外国語文献」中の各文献の末尾に掲載している。）

外国語文献

Ackerman, R. W. and Bauer, R. A. (1976), *Corporate Social Responsiveness: The Modern Dilemma*, Reston.

Akin, W. E. (1977), *Technocracy and the American Dream, The Technocrat Movement, 1900–1941*, University of California Press.

Argyris, C. (1957), *Personality and Organization: the Conflict between System and the Individual*, Harpers.

ASME (1900a), "Note," *Transactions of the ASME*, Vol. 21, pp. v–vi.

ASME (1900b), "Rules of the ASME," *Transactions of the ASME*, Vol. 21, pp. vii–xiv.

ASME (1904), "Note," *Transactions of the ASME*, Vol. 25, pp. v–vi.

ASME (1905), "Constitution, By-Laws and Rules of the ASME," *Transactions of the ASME*, Vol. 26, pp. xi–xxxi.

ASME (1909a), "Jesse Merrick Smith," *Transactions of the ASME*, Vol. 31, pp. 3–4.

ASME (1909b), "Society Affairs, Report of the Meeting Committee," *Transactions of the ASME*, Vol. 31, pp. 421–423.

ASME (1909c), "Constitution, By-Laws and Rules of the ASME," *Year Book of the ASME*, Vol. 31, No. 1, Supplement, pp. 17–40.

ASME (1909d), "Society Affairs, Meeting of the Council," *The Journal of the ASME*, Vol. 31, No. 7, pp. 4–6.

ASME (1910), "Society Affairs, Report of Meetings, Meeting in Boston, November 10," *The Journal of the ASME*, Vol. 32, No. 12, pp. 9–11.

ASME（1911）, "Personals," *The Journal of the ASME*, Vol. 33, No. 6, p. 734.
ASME（1912）, "Alexander Crombie Humphreys," *Transactions of the ASME*, Vol. 34, pp. 1-3.
Baritz, L.（1960）, *The Servants of Power: A History of the Use of Social Science in American Industry*, Literary Licensing.（三戸公・米田清貴訳『権力に仕える人びと―産学協同批判―』未来社、一九六九年。）
Barnard, C. I.（1938）, *The Functions of the Executive*, Harvard University Press.（山本安次郎・田杉競・飯野春樹訳『新訳 経営者の役割』ダイヤモンド社、一九六八年。）
Barnard, C. I.（1958）, "Elementary Conditions of Business Morals," *California Management Review*, Vol. 1, No. 1, pp. 1-13.（「ビジネス・モラルの基本的情況」飯野春樹監訳『経営者の哲学』文眞堂、一九八七年、二三二―二六一頁。）
Barnard, C. I.（1938, 1968）, *The Functions of the Executive*, Harvard University Press.（山本安次郎・田杉競・飯野春樹訳『新訳　経営者の役割』ダイヤモンド社、一九六八年。）
Baumol, W.（1959）, *Business Behavior, Value and Growth*, Macmillan.（伊達邦春・小野俊夫訳『企業行動と経済成長』ダイヤモンド社、一九六二年。）
Beckhard, R.（1969）, *Organization Development: Strategies and Models*, Addison Wesley.
Bellamy, E.（2007）, *Looking Backward, 2000-1887*, Oxford University Press.（原著は一八八八年に出版）（山本政喜訳『顧りみれば』岩波書店、一九五三年。）
Berle, Jr., A. A. and Means, G. C.（1932, 1991）, *The Modern Corporation and Private Property*, Transaction Publishers.（北島忠男訳『近代株式会社と私有財産』（現代経済学名著選集Ⅴ）文雅堂銀行研究社、一九五八年。）
Berle, Jr., A. A.（1954）, *The 20th Century Capitalist Revolution*, Harcourt, Brace & Company, Inc.（桜井信行訳『二〇世紀資本主義革命』東洋経済新報社、一九五六年。）
Berle, Jr., A. A.（1959）, *Power without Property*, Harcourt, Brace & Company, Inc.（加藤寛・関口操・丸尾直美訳『財産なき支配（論争叢書）』論争社、一九六〇年。）
Berle, Jr., A. A.（1963）, *The American Economic Republic*, Harcourt Brace Jovanovich, Inc.（晴山英夫訳『財産と権力―アメリカ経済共和国―』文眞堂、一九八〇年。）
Bowen, H. R.（2013）, *Social Responsibilities of Businessman*, the New Edition, University of Iowa Press.
Buchholz, R. A. and Rosenthal, S. B.（1998）, *Business Ethics: The Pragmatic Path Beyond Principle to Process*, Prentice-Hall.

Burnham, J. (1941), *The Managerial Revolution*, The John Day Company, Inc. (長崎惣之助訳『経営者革命』東洋経済新報社、一九五一年。武山泰雄訳『経営者革命』東洋経済新報社、一九六五年。)

Burns, T. and Stalker, G. M. (1961), *The Management of Innovation*, Tavistock Publications.

Calvert, M. A. (1967), *The Mechanical Engineer in America, 1830–1910, Professional Cultures in Conflict*, The Johns Hopkins Press.

Carr, Albert Z. (1968), "Is Business Bluffing Ethical," *Harvard Business Review*, January–February, pp. 143–153.

Carroll, A. B. (1979), "Three–Dimensional Conceptual Model of Corporate Performance," *Academy of Management Review*, Vol. 4, No. 4, pp. 497–505.

Carroll, A. B. (1991), "The Pyramid of Corporate Social Responsibility: Toward the Moral Management of Organizational Stakeholders," *Business Horizons*, Vol. 34, No. 4, pp. 39–48.

Charan, R. and Freeman, R. E. (1979), "Stakeholder Negotiations: Building Bridges withCorporate Constituents," *Management Review*, Vol. 68, No. 11, pp. 8–13.

Cooke, M. L. (1903), Cooke to Taylor, June 24, Taylor Papers, Special Collections, Samuel C. Williams Library, Stevens Institute of Technology, Hoboken, N.J., File 114A.

Cooke, M. L. (1908), "The Engineer And The People. A Plan for a Larger Measure of Cooperation between the Society and the General Public," *Transactions of the ASME*, Vol.30, pp.619–637.

Cooke, M. L. (1918), "The Public Interest as the Bed Rock of Professional Practice," *Transactions of the ASME*, Vol. 40, pp. 85–100.

Cummings, T. G. and Worley, C. G. (2009), *Organizational Development & Change*, 9th edition, South–Western Cengage Learning.

Davis, K. and Frederick, W. C. (1984), *Business and Society: Management, Public Policy, Ethics* (fifth ed.), McGraw–Hill.

Davis, K., Frederick, W. C. and Blomstrom, R. L. (1980), *Business and Society: Concepts and Policy Issues* (fourth ed.), McGraw–Hill.

DeGeorge, R. T. (1982), *Business Ethics*, Macmillan.

Domini, A. (2001), *Socially Responsible Investing: Making a Difference and Making Money*, Kaplan. (山本利明訳『社会的責任投

資』木鐸社、二〇〇二年。)
Donaldson, T. and Preston, L. E. (1995), "The Stakeholder Theory of the Corporation: Concepts, Evidence, and Implications," *Academy of Management Review*, Vol. 20, No. 1, pp. 65-91.
Drucker, P. F. (1942, 1995), *The Future of Industrial Man*, Transaction Publishers. (上田惇生訳『産業人の未来(ドラッカー名著集)』ダイヤモンド社、二〇〇八年。)
Drucker, P. F. (1946, 1993), *Concept of The Corporation*, Transaction Publishers. (上田惇生訳『企業とは何か(ドラッカー名著集)』ダイヤモンド社、二〇〇八年。)
Drucker, P. F. (1954, 1999), *The Practice of Management*, Elsevier. (上田惇生訳『新訳現代の経営(上・下)』ダイヤモンド社、一九九六年。)
Drucker, P. F. (1967, 2002), *The Effective Executive*, Harper Business Essentials.
Drucker, P. F. (1969, 1992), *The Age of Discontinuity: Guidelines to Our Changing Society*, Transaction Publishers. (林雄二郎訳『断絶の時代—来たるべき知識社会の構想—』ダイヤモンド社、一九六九年。)
Emery, F. E. and Trist, E. L. (1960), "Socio-technical systems," in Emery, F. E. (ed.), *Systems Thinking*, Penguin Books, pp. 281-296.
Evan, W. M. and Freeman, R. E. (1988), "A Stakeholder Theory of the Modern Corporation: Kantian Capitalism," in Beauchamp, T. and Bowie, N. (eds.), *Ethical Theory and Business*, Prentice Hall, pp. 75-93.
Fagenson, E. A. and Burke, W. W. (1990), "Organization Development Practitioners' Activities and Interventions in Organizations during the 1980s," *Journal of Applied Behavioral Science*, Vol. 26, No. 3, pp. 285-297.
Fitch Ratings (2020), *White Paper: ESG in Credit.*
Follett, M. P. (1941, 2005), *Dynamic Administration: the Collected Papers of Mary Parker Follett, in ORGANIZATION THEORY vol. 5 (INTELLECTUAL LEGACY OF MANAGEMENT*, Co-edited by Daniel Wren, A. and Sasaki, Tsuneo, PICKERING & CHATTO). (米田清貴・三戸公訳『組織行動の原理—動態的管理—【新装版】』未来社、一九九七年。)
Pope Francis (2015), *Laudato Si': On Care for Our Common Home*, Our Sunday Visitor Pub. Division. (瀬本正之・吉川まみ訳『回勅　ラウダート・シーともに暮らす家を大切に』カトリック中央協議会、二〇一六年。)
Frederick, W. C. (1986), "Theories of Corporate Social Performance: Much Done, More to Do," *Working Paper Series*, No. 632,

Graduate School of Business, University of Pittsburgh, pp. 1-48.
Frederick, W. C. (2006), *Corporation Be Good!: The Story of Corporate Social Responsibility*, Dog Year.
Freeman, R. E. (1984), *Strategic Management: A Stakeholder Approach*, Pitman, pp. 31-32.
Freeman, R. E. (1994), "The Politics of Stakeholder Theory: Some Future Directions," *Business Ethics Quarterly*, Vol. 4, No. 4, pp. 409-421.
Freeman, R. E. (1999), "Divergent Stakeholder Theory," *Academy of Management Review*, Vol. 24, No. 2, pp. 233-236.
Freeman, R. E. (2004), "The Stakeholder Approach Revisited," *Zeitschrift für Wirtschafts- und Unternehmensethik*, Vol. 5, No. 3, pp. 228-254.
Freeman, R. E. (2005), "The Development of Stakeholder Theory: An Idiosyncratic Approach," in Smith, K. G. and Hitt, M. A. (ed.), *Great Minds in Management: the Process of Theory Development*, Oxford University Press, pp. 417-433.
Freeman, R. E. (2008), "Ending the So-Called "Friedman-Freeman" Debate," in Agle, B. R., Donaldson, T., Freeman, R. E., Jensen, M. C., Mitchell, R. K. and Wood, D. J. "Dialogue: Toward Superior Stakeholder Theory," *Business Ethics Quarterly*, Vol. 18, No. 2, pp. 162-166.
Freeman, R. E. and Reed, D. L. (1983), "Stockholders and Stakeholders: A New Perspective on Corporate Governance," *California Management Review*, Vol. 25, No. 3, pp. 88-106.
Freeman, R. E., Harrison, J. S. and Wicks, A. C. (2007), *Managing for Stakeholders: Survival, Reputation and Success*, Yale University Press.（中村瑞穂［訳者代表］『利害関係者志向の経営―存続・世評・成功―』白桃書房、二〇一〇年。）
Freeman, R. E., Martin K. E. and Parmar, B. L. (2020), *The Power of And: Responsible Business Without Trade-off*, Columbia University Press.
Freeman, R. E., Phillips, R. and Sisodia, R. (2018), "Tensions in Stakeholder Theory," *Business & Society*, Vol. 59, No. 2, pp. 1-19.
Freeman, R. E., Wicks, A. C. and Parmar, B. (2004), "Stakeholder Theory and "The Corporate Objective Revisited"," *Organization Science*, Vol. 15, No. 3, pp. 364-369.
Friedman, M. (1970), "The Social Responsibility of Business Is to Increase Its Profits," *New York Times Magazine*, September 13, pp. 122-126.

Galbraith, J. K. (1952, 1956), *American Capitalism: the Concept of Countervailing Power*, Houghton Mifflin.（新川健三郎訳『アメリカの資本主義』白水社、二〇一六年。）

Galbraith, J. K. (1958, 1998), *The Affluent Society*, 4th Anniversary ed., Houghton Mifflin Company.（鈴木哲太郎訳『豊かな社会（決定版）』岩波現代文庫、二〇〇六年。）

Galbraith, J. K. (1967), *The New Industrial State*, Hamish Hamilton Ltd.（都留重人監訳『新しい産業国家』河出書房新社、一九六八年。）

Gantt, H. L. (1911), Gantt to Taylor, January 16, Taylor Papers, File 121B.

Goodpaster, K. E. (1991), "Business Ethics and Stakeholder Theory," *Business Ethics Quarterly*, Vol. 1, No. 1, pp. 53-73.

Gordon, R. A. (1945), *Business Leadership in the Large Corporation*, The Brookings Institution.

Haber, S. (1964), *Efficiency and Uplift, Scientific Management in the Progressive Era 1880-1920*, The University of Chicago Press.（小林康助・今川仁視訳『科学的管理の生成と発展』広文社、一九八三年。）

Harari, Y. N. (2015), *Sapiens: A Brief History of Humankind*, New York, Harper Collins.（柴田裕之訳『サピエンス全史（上）：文明の構造と人類の幸福』河出書房新社、二〇一六年ａ、『サピエンス全史（下）：文明の構造と人類の幸福』河出書房新社、二〇一六年ｂ。）

Harrison, J. S. and Freeman, R. E. (2004), "Is Organizational Democracy Worth the Effort?," *The Academy of Management Executive*, Vol. 18, No. 3, pp. 49-53.

Harrison, J. S., Phillips, R. A. and Freeman, R. E. (2020), "On the 2019 Business Roundtable "Statement on the Purpose of a Corporation"," *Journal of Management*, Vol. 46, No. 7, pp. 1223-1237.

Haydock, R. R. (1903), Haydock to Taylor, June 23, Taylor Papers, File 114A.

Heald, M. (1970), *The Social Responsibilities of Business: Company and Community, 1900-1960*, The Press of Case Western Reserve University Press.

Heller, F. (2000), *Managing Democratic Organizations: Volume II*, Routledge.

Herzberg, F. (1966), *Work and the Nature of Man*, World Publishing Company.（北野利信訳『仕事と人間性—動機づけ—衛生理論の新展開—』東洋経済新報社、一九六八年。）

Holdsworth, W. S. (1922), "English Corporation Law in the 16th and 17th Centuries," *The Yale Law Journal*, Vol. 31, No. 4,

The Yale Law Journal Company, Inc., pp. 382–383.

Holley, A. L. (1880), "The Field of Mechanical Engineering," *Transactions of the ASME*, Vol. 1, pp. 7–12.

IPCC (2018), "SPECIAL REPORT Global Warning of 1.5℃," Chapter. 1 Framing and Context, pp. 49–91.

Janis, L. L. (1982), *Groupthink*, Houghton Mifflin.

Jensen, M. C. (2008), "Non-rational Behavior, Vale Conflicts, Stakeholder Theory, and Firm Behavior," in Agle, B. R., Donaldson, T., Freeman, R. E., Jensen, M. C., Mitchell, R. K. and Wood, D. J. "Dialogue: Toward Superior Stakeholder Theory," *Business Ethics Quarterly*, Vol. 18, No. 2, pp. 167–181.

Jones, M. T. and Fleming, P. (2003), *The End of Corporate Social Responsibility: Crisis & Critique*, SAGE Publications of London.（百田義治監訳『ＣＳＲの終焉』中央経済社、二〇一五年。）

Jones, T. M. and Felps, W. (2013), "Stakeholder Happiness Enhancement: A Neo-Utilitarian Objectives for the Modern Corporation," *Business Ethics Quarterly*, Vol. 23, No. 3, pp. 349–379.

Jones, T. M. and Wicks, A. C. (1999), "Convergent Stakeholder Theory," *Academy of Management Review*, Vol. 24, No. 2, pp. 206–221.

Jones, T. M., Donaldson, T., Freeman, R. E., Harrison, J. S., Leana, C. E., Mahoney J. T. and Pearce, J. R. (2016), "Management Theory and Social Welfare: Contributions and Challenges," *Academy of Management Review*, Vol. 41, No. 2, pp. 216–228.

Jordan, J. M. (1994), *Machine-Age Ideology, Social Engineering and American Liberalism, 1911–1939*, The University of North Carolina Press.

Julius, D. S. (1997), "Globalization and Stakeholder Conflict: A Corporate Perspective," *International Affairs*, Vol. 73, No. 3, pp. 453–468.

Lawrence, P. R. and Lorsch, J. W. (1967), *Organization and Environment*, Harvard Business School, Division of Research.

Layton, Jr., E. T. (1969), "Science, Business, and the American Engineers," in Perrucci, Robert and Gerstle, Joel E. (eds.), *The Engineers and the Social System*, John Wiley & Sons, Inc.

Layton, Jr., E. T. (1971), *The Revolt of the Engineers, Social Responsibility and the American Engineering Profession*, The Johns Hopkins University Press.

Leana, C. R. (1985), "A Partial Test of Janis' Groupthink Model: Effects of Group Cohesiveness and Leader Behavior on

Defective Decision Making," *Journal of Management*, Vol. 11, No. 1, pp. 5–18.

Lewin, K. (1947), "Frontiers in Group Dynamics: Concept, Method and Reality in Social Science: Social Equilibria and Social Change," *Human Relations*, Vol. 1, No. 1, pp. 5–41.

Likert, R. (1961), *New Patterns of Management*, McGraw-Hill.（三隅二不二訳『経営の行動科学：新しいマネジメントの探求』ダイヤモンド社、一九六四年。）

Likert, R. (1967), *The Human Organization: Its Management and Value*, McGraw-Hill.（三隅二不二訳『組織の行動科学：ヒューマン・オーガニゼーションの管理と価値』ダイヤモンド社、一九六八年。）

Lu, L., Yuan, Y. C. and McLeod, P. L. (2012), "Twenty-five Years of Hidden Profiles in Group Decision Making: A Meta-analysis," *Personality and Social Psychology Review*, Vol. 16, No. 1, pp. 54–75.

Margulies, N. and Raia, A. (1988), "The Significance of Core Values on the Theory and Practice of Organizational Development," *Journal of Organizational Change Management*, Vol. 1, No. 1, pp. 6–17.

Marris, R. (1964), *The Economic Theory of 'Managerial' Capitalism*, Macmillan.（大川勉・森重泰・沖田健吉訳『経営者資本主義の経済理論』東洋経済新報社、一九七一年。）

McGill, M. G. (1974), "The Evolution of Organizational Development: 1947–1960," *Public Administration Review*, Vol. 34, No. 2, pp. 98–105.

McGregor, D. (1960), *Human Side of Enterprise*, McGraw-Hill.（高橋達男訳『新訳　企業の人間的側面』産業能率大学出版、一九七〇年。）

Meyer, E. (1975), *Römischer Staat und Staatsgedanke*, Zürich/München.（鈴木一州訳『ローマ人の国家と国家思想』岩波書店、一九七八年。）

Mintzberg, H. (2015), *Rebalancing Society*, Berrett-Koehler Publishers.（池村千秋訳『私たちはどこまで資本主義に従うのか―市場経済には「第3の柱」が必要である』ダイヤモンド社、二〇一五年。）

Phillips, R. A. (1997), "Stakeholder Theory and A Principle of Fairness," *Business Ethics Quarterly*, Vol. 7, No. 1, pp. 51–66.

Phillips, R., Freeman, R. E. and Wicks, A. C. (2003), "What Stakeholder Theory Is Not," *Business Ethics Quarterly*, Vol. 13, No. 4, pp. 479–502.

Porter, M. E. and Kramer, M. R. (2011), "Creating Shared Value," *Harvard Business Review*, 89 (1–2), pp. 62–77.

Post, J. E., Preston, L. L. and Sachs, S. (2002), *Redefining the Corporation: Stakeholder Management and Organizational Wealth*, Stanford University Press.

Purnell, L. S. and Freeman, R. E. (2012), "Stakeholder Theory, Fact/Value Dichotomy, and the Normative Core: How Wall Street Stops the Ethics Conversation," *Journal of Business Ethics*, Vol. 109, pp. 109–116.

Randall, D. T. (1911), "Topical Discussion on the Problem of Smoke Abatement," *The Journal of the ASME*, Vol. 33, No. 2, pp. 223–252.

Reich, R. B. (2011), *After Shock: The Next Economy & America's Future*, Vintage Books.（雨宮寛・今井章子訳『余震』東洋経済新報社、二〇一一年。）

Roosevelt, T. (1901), "State of the Union Address of Theodore Roosevelt, December 3, 1901 to the Senate and House of Representatives".

Scherer, A. G. and Palazzo, G. (2007), "Toward a Political Conception of Corporate Responsibility: Business and Society Seen From a Habermasian Perspective," *Academy of Management Review*, Vol. 32, No. 4, pp. 1096–1120.

Schwab, K. and Vanham, P. (2021), *Stakeholder Capitalism: A Global Economy that Works for Progress, People and Planet*, Wiley.

Sethi, S. P. (1975), "Dimensions of Corporate Social Performance: An Analytical Framework," *California Management Review*, Vol. 18, No. 3, pp. 58–64.

Sheldon, O. (1923), *The Philosophy of Management*, Sir Isaac Pitman & Sons.（田代義範訳『管理科学の哲学』未来社、一九七四年。）

Sinclair, B. (1980), *A Centennial History of the American Society of Mechanical Engineers 1880–1980*, University of Toronto Press.

Smith, J. M. (1909), "Profession of Engineering," *Transactions of the ASME*, Vol. 31, pp. 429–436.

Strand, R. (1983), "A System Paradigm of Organizational Adaption to the Social Environment," *Academy of Management Review*, Vol. 8, No. 1, pp. 90–96.

Suchanek, A. (2015), *Unternehmensethik: In Vertrauen investieren*, Tübingen.（柴田明・岡本丈彦訳『企業倫理：信頼に投資する』同文舘出版、二〇一七年。）

Sutton, R. I. and Staw, B. M. (1995), "What Theory Is Not," *Administrative Science Quarterly*, Vol. 40, No. 3, pp. 371–384.

Sweezy, P. M. (1939), "Demand Under Conditions of Oligopoly," *Journal of Political Economy*, Vol. 47, No. 4, pp. 568–573.

Taylor, F. W. (1895), "A Piece-Rate System," *Transactions of the ASME*, Vol. 16, pp. 856–903. (上野陽一訳『科学的管理法』産業能率大学出版部、一九六九年。)

Taylor, F. W. (1903), *Shop Management*, Reprinted in F. W. Taylor (1947) *Scientific Management*, Harper and Brothers. (上野陽一訳『科学的管理法』産業能率大学出版部、一九六九年。)

Taylor, F. W. (1909), Taylor to M. L. Cooke, December 13, Taylor Papers, File 114D.

Taylor, F. W. (1910), Taylor to M. L. Cooke, December 2, Taylor Papers, File 115B.

Taylor, F. W. (1911), *The Principles of Scientific Management*, Reprinted in F. W. Taylor (1947) *Scientific Management*, Harper and Brothers. (上野陽一訳『科学的管理法』産業能率大学出版部、一九六九年。)

Taylor, F. W. (1914), "Lecture delivered before YMCA of Philadelphia, Oct. 12th, 1914, LAWS VS. PRIVATE OPINION AS A BASIS OF MANAGEMENT," Taylor Papers, no file number.

Trist, E. L. (1981), "The Sociotechnical Perspective: The Evolution of Sociotechnical Systems as Conceptual Framework and as Action Research Program," in Vande, A. H. and Joyce, W. F. (ed.), *Perspectives on Organization and Behavior*, John Wiley and Sons, pp. 19–75.

Trist, E. L. and Bamforth, K. W. (1951), "Some Social and Psychological Consequences of the Longwall Method of Coal-Getting: An Examination of the Psychological Situation and Defences of a Work Group in Relation to the Social Structure and Technological Content of the Work System," *Human Relations*, Vol. 4, No. 1, pp. 3–38.

Trist, E. L., Higgin, G. W., Murry, H. and Pollock, A. B. (1963), *Organizational Choice: Capabilities of Groups at the Coal Face under Changing Technologies: the Loss, Re-discovery and Transformation of a Work Tradition*, Tavistock Publications.

Veblen, T. (1921), *The Engineer and the Price System*, The Viking Press, Inc. (小原敬士訳『技術者と価格体制』未来社、一九六二年。)

Velasquez, M. G. (1982), *Business Ethics: Concepts and Cases*, Prentice-Hall.

Wartick, S. L., and Cochran, P. L. (1985), "The Evolution of the Corporate Social Performance Model," *Academy of Management Review*, Vol. 10, No. 4, pp. 758–769.

Weisbord, M. R. (1987), *Productive Workplaces: Organizing and Managing for Dgnity, Meaning and Community*, Jossey-Bass.
Weyl, W. E. (1912), *The New Democracy*, Macmillan.
Wicks, A. C. and Freeman, R. E. (1998), "Organization Studies and the New Pragmatism: Positivism, Anti-positivism, and the Search for Ethics," *Organization Science*, Vol. 9, No. 2, pp. 123-140.
Wood, D. J. (1991), "Corporate Social Performance Revisited," *Academy of Management Review*, Vol. 16, No. 4, pp. 691-718.
Wood, D. J. (2008), Corporate Responsibility and Stakeholder Theory: Challenging the Neoclassical Paradigm, in Agle, B. R., Donaldson, T., Freeman, R. E., Jensen, M. C., Mitchell, R. K. and Wood, D. J. "Dialogue: Toward Superior Stakeholder Theory," *Business Ethics Quarterly*, Vol. 18, No. 2, pp. 159-162.
Wren, D. A. (1994), *The Evolution of Management Thought*, Fourth Edition, John Wiley & Sons, INC.（佐々木恒男監訳『マネジメント思想の進化』文眞堂、二〇〇三年。）

日本語文献

赤岡功（一九八七）、「北欧における社会・技術システム論の展開」『社会・経済システム』第五巻、一五一二〇頁。

秋元英一（一九九五）、『アメリカ経済の歴史　一四九二―一九九三』東京大学出版会。

秋元英一・菅英輝（二〇〇三）、『アメリカ二〇世紀史』東京大学出版会。

浅野和也（二〇〇三）、「ボルボ生産システムの考察―労・使プログラムとカルマル・ウデヴァラ工場改革―」『中京経営研究』第一二巻第二号、二四七―二七三頁。

有賀貞・大下尚一・志邨晃佑・平野孝編（一九九三）、『世界歴史大系　アメリカ史2　一八七七年～一九九二年』山川出版社。

飯野春樹（一九七八）、『バーナード研究』文眞堂。

飯野春樹（一九九二）、『バーナード組織論研究』文眞堂。

石井修二（一九八二）、「社会―技術システム論の検討」『駒沢大学経済学部研究紀要』第四〇巻、一〇三―一五六頁。

石村善助（一九六九）、『現代のプロフェッション』至誠堂。

伊東光晴（二〇一六）、『ガルブレイス―アメリカ資本主義との格闘―』岩波新書。

犬田充（二〇〇一）、『行動科学―源流・展開・論理・受容・終焉―』中央経済社。

今井斉（一九八九）、「「産業合理化運動」の経営管理的意味」『名城商学』第三八巻第四号。

岩田浩（二〇一六）、「変貌する民主主義と企業経営」『経営倫理とプラグマティズム』文眞堂。

宇沢弘文（二〇〇〇）、『社会的共通資本』岩波新書。

宇沢弘文（二〇一五）、『宇沢弘文の経済学 社会的共通資本の論理』日本経済新聞出版。

梅澤正（二〇〇〇）、『企業と社会』ミネルヴァ書房。

大塚久雄（一九六四）、『株式會社發生史論（三版）』中央公論社。

岡本丈彦（二〇一六）、「コーポレート・ガバナンスと企業倫理―ズーハネクの研究を中心として―」『研究紀要（高松大学）』第六四・六五号、一―二〇頁。

岡本丈彦（二〇一七）、「企業の責任と企業の利益獲得―A. ズーハネクの研究に依拠して」『商学論究』第六四巻第三号、海道ノブチカ博士記念号（二〇一七年一月発行）、二二五―二四二頁。

岡本丈彦（二〇一九）、「企業の責任とステークホルダーの期待―ドイツ経済倫理・企業倫理の観点からの一考察―」『研究紀要（高松大学）』第七一号、一―一五頁。

岡本丈彦（二〇二〇）、「『持続可能』の概念と企業―『持続不可能』を導く短絡思考についての一考察―」『研究紀要（高松大学）』第七三号、一―一二頁。

ガーイウス著／佐藤篤士監訳／早稲田大学ローマ法研究会訳（二〇〇二）、『法学提要』敬文堂。

風間信隆（一九八一）、「社会・技術システム論と「自律的作業集団」」『明大商学論叢』第六四巻第五号、五一九―五五三頁。

貴堂嘉之（二〇一九）、『南北戦争の時代―19世紀―シリーズ　アメリカ合衆国史②』岩波新書。

桑原源次（一九七四）、『科学的管理研究』未来社。

河野大機編著（二〇一二）、『ドラッカー』（経営学史叢書Ⅹ）文眞堂。

後藤元伸（二〇一六）、「法人学説の再定位―独仏法人論の再読解とミシューおよびサレイユの法人論・含有論」『關西大學法學論集』六五巻五号。

斎藤幸平（二〇一九）、『大洪水の前に　マルクスと惑星の物質代謝』堀之内出版。

斎藤幸平（二〇二〇）、『人新生の「資本論」』集英社。

佐々木隆・大井浩二編（二〇〇六）、『資料で読むアメリカ文化史③　都市産業社会の到来　一八六〇年代―一九一〇年代』東京大学出版会。

島田恒（二〇〇五）、『NPOという生き方』PHP新書。

島村博（二〇〇五a）、「協同労働の協同組合における固有権(1)」『協同の發見』No.一五四。

島村博（二〇〇五b）、「協同労働の協同組合における固有権(2)」『協同の發見』No.一五六。

島村博（二〇〇五c）、「協同労働の協同組合における固有権(3)—1」『協同の發見』No.一五七。

島村博（二〇〇五d）、「協同労働の協同組合における固有権(3)—2」『協同の發見』No.一五八。

副田満輝（一九七七）、『経営労務論研究』ミネルヴァ書房。

高哲男（一九九一）、『ヴェブレン研究　進化論的経済学の世界』ミネルヴァ書房。

高哲男（二〇〇四）、『現代アメリカ経済思想の起源—プラグマティズムと制度経済学—』名古屋大学出版会。

高橋英治（二〇一六）、「ローマ法上の企業形態としてのソキエタスとソキエタス・プブリカノルム—近時のドイツの研究を基礎として—」『大阪市立大学法学雑誌』第六二巻二号、大阪市立大学法学会。

高橋公夫（二〇二一）、『経営学史と現代—新たな〈断絶の時代〉—』文眞堂。

竹沢尚一（二〇一〇）、『社会とは何か　システムからプロセスへ』中公新書。

玉野井芳郎（一九八二）、『生命系のエコノミー』新評論。

土屋守章（一九八〇）、『企業の社会的責任』税務経理協会。

土井勝久（二〇一二）、「会社法の検証(1)」『札幌法学』二三巻二号。

中川誠士（一九九二）、『テイラー主義生成史論』森山書店。

中川誠士（一九九七）、「F・W・テイラーの管理思想—ハーバード経営大学院における講義を中心として—」経営学史学会編『アメリカ経営学の潮流』文眞堂。

中谷哲郎・川端久夫・原田實編著（一九七九）、『経営理念と企業責任』ミネルヴァ書房。

中野耕太郎（二〇一九）、『20世紀アメリカの夢—世紀転換期から一九七〇年代—シリーズ　アメリカ合衆国史③』岩波新書。

中村和彦（二〇一四）、「対話型組織開発の特徴およびフューチャーサーチとAIの異同」『人間関係研究』第一三巻、二〇—三九頁。

日本銀行（二〇二〇）、「わが国のESG投資を巡るわが国の機関投資家の動向について」。

庭本佳和（二〇〇六）、『バーナード経営学の展開』文眞堂。

野中郁次郎（一九七三）、「Kurt Lewin, グループ・ダイナミックス、後期人間関係論」『アカデミア』第九六巻、一三五—一六二頁。

野村達朗（二〇一三）、『アメリカ労働民衆の歴史　働く人びとの物語』ミネルヴァ書房。

原田實（一九七九）、「第一章　管理技術者の登場とその思想」中谷哲郎・川端久夫・原田實編著『経営理念と企業責任』ミネルヴァ書房。

百田義治（二〇二〇）、「第一八章「企業と社会」論の基本問題―CSRをめぐる論点」百田義治編著『現代経営学の基本問題』中央経済社。

平尾武久・伊藤健市・関口定一・森川章編著（一九九八）、『アメリカ大企業と労働者―1920年代労務管理史研究―』北海道大学図書刊行会。

廣瀬幹好（二〇〇五）、『技師とマネジメント思想―アメリカにおけるマネジメント思想の生成、一八八〇～一九二〇年―』文眞堂。

深尾裕造（二〇一八）、「独占事件（一六〇二）：その文脈を解きほぐす」『法と政治』六九巻一号。

福本俊樹・松嶋登・古賀広志（二〇一四）、「実証主義の科学的有用性：介入を目指す新たな科学思想としてのアクション・サイエンス」『日本情報経営学会誌』第三四巻第四号、五九―七〇頁。

藤井一弘編著（二〇一一）、『バーナード』（経営学史叢書Ⅵ）文眞堂。

藤沼司（二〇一五）、『経営学と文明の転換―知識経営論の系譜とその批判的研究―』文眞堂。

本間龍（二〇一八）、『ブラックボランティア』角川新書。

正木久司・角野信夫（一九八九）、『経営学―人と学説―バーリ』同文舘出版。

三戸浩編著（二〇一三）、『バーリ＝ミーンズ』（経営学史叢書Ⅴ）文眞堂。

経営学史叢書第Ⅱ期　第6巻　社会性

『社会の中の企業』執筆者

渡辺　敏雄（関西学院大学　経営学史学会会員　巻責任編集者
　　　　　　まえがき）
中川　誠士（福岡大学　経営学史学会会員　第一章）
岩田　　浩（龍谷大学　経営学史学会会員　第二章）
貴島　耕平（関西学院大学　経営学史学会幹事　第三章）
藤沼　　司（青森公立大学　経営学史学会理事　第四章）
水村　典弘（埼玉大学　経営学史学会会員　第五章）
松田　　健（駒澤大学　経営学史学会副理事長　第六章）
岡本　丈彦（高松大学　経営学史学会会員　第七章）

経営学史叢書第Ⅱ期　第6巻　社会性

社会の中の企業

令和三年一二月三一日　第一版第一刷発行

検印省略

経営学史学会監修

編著者　渡　辺　敏　雄

発行者　前　野　　　隆

東京都新宿区早稲田鶴巻町五三三

発行所　株式会社　文　眞　堂

〒一六二―〇〇四一
電　話　〇三―三二〇二―八四八〇
ＦＡＸ　〇三―三二〇三―二六三八
振　替　〇〇一二〇―二―九六四三七

製作・モリモト印刷

http://www.bunshin-do.co.jp/

ISBN978-4-8309-5157-2　C3034

経営学史学会監修『経営学史叢書第Ⅱ期』全7巻

第1巻　原理性『経営学の基礎――学史から総合的統一理論を探る――』
第2巻　生産性『生産性のマネジメント――付加価値向上への進化――』
第3巻　人間性『人間と経営――私たちはどこへ向かうのか――』
第4巻　合理性『合理性から読み解く経営学』
第5巻　戦略性『学史から学ぶ経営戦略』
第6巻　社会性『社会の中の企業』
第7巻　創造性『創造する経営学』

経営学史学会監修『経営学史叢書』全14巻

第Ⅰ巻『テイラー』
第Ⅱ巻『ファヨール』
第Ⅲ巻『メイヨー＝レスリスバーガー』
第Ⅳ巻『フォレット』
第Ⅴ巻『バーリ＝ミーンズ』
第Ⅵ巻『バーナード』
第Ⅶ巻『サイモン』
第Ⅷ巻『ウッドワード』
第Ⅸ巻『アンソフ』
第Ⅹ巻『ドラッカー』
第Ⅺ巻『ニックリッシュ』
第Ⅻ巻『グーテンベルク』
第XIII巻『日本の経営学説　Ⅰ』
第XIV巻『日本の経営学説　Ⅱ』